Wolfgang Koeppen

Tauben im Gras

von Jürgen Egyptien

Schroedel Interpretationen Band 15

Druck A 2 / Jahr 2011

Redaktion: Dr. Hans-Georg Schede
Reihentypografie: Thomas Schröder, Braunschweig
Satz: Ira Petersohn, Ellerbek
Repro: westermann druck GmbH, Braunschweig
Druck: westermann druck GmbH, Braunschweig
Titelbild: Wolfgang Koeppen, Porträtaufnahme aus den Fünfzigerjahren.

ISBN 978-3-507-47714-8

Einführung

Koeppens Buch sagt über die politische Gesamtsituation in diesem Land zwischen West und Ost mehr aus als ganze Jahrgänge von Leitartikeln.« Mit diesen Worten wurde *Tauben im Gras* bei seinem Erscheinen im Herbst 1951 in der *Frankfurter Allgemeinen Zeitung* treffend charakterisiert. Der Verfasser weist mit dieser Formulierung auf eine Leistung von Literatur hin, die schon Aristoteles in seiner *Poetik* hervorhob, als er über den Unterschied zwischen Geschichtsschreibung und Dichtung nachdachte. Aristoteles meint dort, dass die Dichtung der Geschichtsschreibung überlegen sei, weil sie sich von der Verpflichtung auf das konkrete und nachprüfbare Einzelne lösen und einen ins Allgemeine gesteigerten Entwurf von Welt bieten könne. Daher besitze, so Aristoteles, die Dichtung einen höheren Grad von Wahrheit als die ans Faktische gebundene Geschichtsschreibung. Diese Qualität besitzt auch Wolfgang Koeppens Roman *Tauben im Gras*. Er vermag die Atmosphäre der gerade gegründeten Bundesrepublik, in die noch die Erfahrungen des Zweiten Weltkriegs und die mentalen Prägungen durch den Nationalsozialismus hineinragen, auf plastische Weise auch dem nachgeborenen Leser zu vergegenwärtigen.

Allerdings erschöpft sich die Leistung dieses Romans keineswegs in der Funktion, eine Art Zeitdokument zu sein. Erst seine ästhetische Qualität macht Koeppens Roman zu einem Kunstwerk und hebt ihn von anderen literarischen Texten über die frühe Nachkriegszeit ab. Seine exponierte literaturgeschichtliche Stellung kann er wegen der Vielfalt und Virtuosität seiner erzähltechnischen Verfahren, wegen des Nuancenreichtums und der Bildmächtigkeit seiner Sprache und insgesamt wegen der Originalität seines Erzählstils beanspruchen.

Diese Qualitätsmerkmale machen die Lektüre des Texts freilich nicht ganz leicht. Koeppen gilt als schwieriger Autor. Seine Bücher sind für den Leser eine Herausforderung. Wer sie annimmt, wird indes reich belohnt. Er kann an ihnen in einem Maße ästhetische Erfahrung und intellektuellen Reiz erleben, Erkenntnisse über gesellschaftliche Prozesse und Einblick in menschliche Grundkonstanten gewinnen, wie es selten in so konzentrierter Form anzutreffen ist.

Das erste Kapitel dieses Bands informiert im ersten Abschnitt über Leben und Werk Koeppens bis zur Publikation von *Tauben im Gras* im Jahr 1951. Der folgende Abschnitt skizziert den zeitgeschichtlichen Rahmen, wobei auch ein Eindruck von der Atmosphäre der Nachkriegszeit vermittelt werden soll. Das Kapitel schließt mit einem Blick auf die Entstehungsgeschichte des Romans. Das zweite Kapitel bietet eine Inhaltsangabe des Texts. Im ersten Abschnitt (»Form«) des dritten Kapitels werden sowohl die Struktur des ganzen Texts als auch einzelne sprachliche und erzähltechnische Verfahren beschrieben. Der zweite Abschnitt stellt die wichtigsten Personen dieses sehr figurenreichen Romans vor und vertieft die in der Inhaltsangabe anklingenden Vernetzungen zwischen ihnen. Das Kapitel endet unter dem Gesichtspunkt des Sinngehalts mit einem Aufriss der wichtigsten übergreifenden Fragestellungen. Daran knüpfen exemplarische Interpretationen zweier Schlüsselpassagen des Romans an. Nach der Situierung des Romans im literatur- und geistesgeschichtlichen Kontext wird abschließend ein Blick auf die zeitgenössische literaturkritische Rezeption geworfen.

Alle Zitate aus *Tauben im Gras* werden nur unter Angabe der Seitenzahl nachgewiesen. Die zugrunde liegende Ausgabe führt die Auswahlbibliographie am Ende des Bands an. Für Zitate aus anderen Texten werden Kürzel verwendet, die sich am selben Ort zuordnen lassen.

I Biographische und zeitgeschichtliche Einflüsse

1 Biographischer Zusammenhang

Für die literarische Öffentlichkeit gehörte Wolfgang Koeppen 1951 – mit 45 Jahren – zu den vergessenen Autoren. Auch wenn wir heute wissen, dass er seit seinem zweiten Roman *Die Mauer schwankt* von 1935 durchaus einige kleinere Prosatexte veröffentlicht und als anonymer Bearbeiter des 1948 erschienenen Texts von Jakob Littner *Aufzeichnungen aus einem Erdloch* gewirkt hat, war Koeppen doch weitgehend aus dem Literaturbetrieb, zu dem er in den letzten Jahren der Weimarer Republik Zugang gefunden hatte, herausgefallen. Auch seine private und materielle Situation in den ersten Jahren nach 1945 war schwierig und der konzentrierten Arbeit an einem größeren Werk nicht günstig. In dieser Situation war es für Koeppen eine entscheidende Hilfe, dass der Verleger Henry Goverts ihn zum Schreiben ermutigte.

Meine wirtschaftliche Situation war gräßlich und grotesk. Ich hätte sicher wieder nichts geschrieben; wenn sich nicht Henry Goverts immer wieder an mich gewandt, mich bedrängt und mir zugeredet hätte ... [...], es war immerhin wohltuend, daß hin und wieder einer ins Haus kam, der mich zu drucken wünschte, und so geschah es, daß ich in zwar schlechter Verfassung [...] schließlich doch eine Erzählung zustande brachte. Das Manuskript wurde im Juli fertig. Es ist ein kleiner Roman ›Tauben im Gras‹.

Wolfgang Koeppen an Max Tau, Brief vom 5. August 1951
(zitiert nach Oehlenschläger, S. 15)

Tauben im Gras erregte durch seinen radikal modernen Schreibstil im Kontext der deutschen Romanliteratur gleich bei seinem Erscheinen Aufsehen (vgl. Kapitel VI dieses Bands). Koeppen selbst sah in dem Text ein eher zu spät verwirklichtes Stilexperiment, wie er 1962 in einem Werkstattgespräch mit dem Schriftsteller Horst Bienek sagte. Er ging davon aus, dass er bereits in den Dreißigerjahren in einem dritten – letztlich ungeschrieben gebliebenen – Roman nach dem Anfang mit *Eine unglückliche Liebe* (1934) und *Die Mauer schwankt* (1935) sich diesem damals neuen Stil, »der Annäherung an neue Ausdruckshorizonte hingegeben« (Einer, S. 22) hätte. Für ihn war *Tauben im Gras* also ein quasi aufgestauter, überfälliger Schritt in der Entwicklung seines eigenen Schreibens. Wie sah diese Entwicklung bis zu der von Koeppen ins Spiel gebrachten Anfangsphase des Dritten Reichs aus? Welche Erfahrungen und Lektüren hatten ihn bis dahin geprägt?

Koeppen wurde am 23. Juni 1906 als uneheliches Kind in Greifswald, einer Kleinstadt an der Ostsee, etwa 200 Kilometer nördlich von Berlin geboren. Seine Mutter war Maria Köppen (so die ursprüngliche Schreibweise), sein Vater der Augenarzt Dr. Reinhold Halben, der 1921 vor Gericht sogar die Vaterschaft abstritt. Koeppen wächst ohne Vater in bescheidenen Verhältnissen bei seiner Mutter und der verwitweten Großmutter auf. Beide sind Näherinnen. In den späten Zwanzigerjahren sucht er einmal inkognito als Patient die Praxis des mutmaßlichen Vaters in Berlin auf. Der Mann ist ihm jedoch unsympathisch und der Sohn gibt sich ihm nicht zu erkennen. Als 1908 die Großmutter stirbt, zieht Maria Köppen mit ihrem kleinen Sohn zu ihrer Schwester Olga, die im ostpreußischen Thorn als Haushälterin und Lebensgefährtin des Baurats Theodor Wille lebt. Um 1912 wird Wille nach Ortelsburg in Masuren versetzt. Kurz nach Beginn des Ersten Welt-

Wolfgang Koeppen (1906–1996). Aufnahme aus den späten Vierzigerjahren.

kriegs wird das grenznahe Ortelsburg von russischen Truppen erheblich zerstört. Für etwa ein drei viertel Jahr bringen sich Olga, Maria und Wolfgang Köppen in Greifswald in Sicherheit, dann können sie nach Ortelsburg zurückkehren, da Wille den Auftrag erhalten hat, die Stadt wieder aufzubauen. Der Junge besucht das Realprogymnasium. Für seine geistige Entwicklung ist Theodor Wille ein Glücksfall. Der Baurat entspricht so gar nicht dem klischeehaften Bild des kaisertreuen preußischen Beamten. Wille ist ein liberal denkender Mann, in dessen Haushalt der junge Wolfgang vielfältige Anregungen erfährt. Es gibt verschiedene Zeitungen und eine stattliche Bibliothek. Am nachhaltigsten wirken die fantastischen Architekturzeichnungen des italienischen Künstlers Piranesi aus dem 18. Jahrhundert auf Koeppen. Sie entwerfen labyrinthische, rätselhaft-unheimliche Welten, die nicht wenig zu Koeppens eigenem Weltbild und dem Stil seines Schreibens beigetragen haben. In seinen autobiographischen Texten zeichnet Koeppen das Bild einer glücklichen Kindheit in Ortelsburg. Er lebte in materiell gesicherten Verhältnissen, genoss die unberührte Natur und entwickelte eine innige Beziehung zu seiner ›Tante Olla‹, der er bis zu ihrem Tod 1952 in langen Briefen seine Sorgen und Hoffnungen mitteilt.

Nach dem Ende des Ersten Weltkriegs erhob Polen (vergeblich) Anspruch auf Masuren. So kehrten Maria Köppen und ihr Sohn im Frühjahr 1919 wieder nach Greifswald zurück. Koeppen besucht dort kaum mehr als ein Jahr die Mittelschule, um sie mit gerade vierzehn Jahren zum frühestmöglichen Zeitpunkt abzuschließen. Schule war nie sein Ding gewesen. Schon in Ortelsburg hatte er sich gerne unter Vorspiegelung von Krankheit dem Schulbesuch entzogen und sich lieber zu Hause nach eigenem Gutdünken quer durch Reclams Universalbibliothek gelesen. So ist es für Koeppen ein großer Glücksfall, dass er als Gehilfe in eine Buchhandlung eintreten kann, in der er nicht allein seinem Lesehunger frönen kann, sondern wo er auch in Berührung mit der aktuellen Literatur, beispielsweise dem Expressionismus, kommt. Als der ihm wohlgesonnene Buchhändler 1922 stirbt, verliert Koeppen seine vertraglich nicht geregelte Anstellung.

Die Ferne, die er bislang nur in der Fantasie, beim Lesen, aufgesucht hat, macht er nun zum konkreten Ziel. Im Sommer 1922, gerade sechzehn geworden, heuert er in Stettin als Hilfskoch auf einem Frachter an, der nach Nordfinnland unterwegs ist. Danach hält er sich als Gelegenheitsarbeiter in Hamburg auf und entdeckt dort die Bildwelten des wie er aus Greifswald stammenden, der Epoche der Romantik zugehörigen Malers Caspar David Friedrich, was für ihn zu einem weiteren künstlerischen Erweckungserlebnis wird. Das Träumerische von Friedrichs Blick, das Melancholische seiner Ruinenbilder, das Apokalyptische seiner Eislandschaften treffen in Koeppen auf lebhaften Widerhall. »Alles, was ich in diesen Bildern fand: Einsamkeit, Melancholie, ein etwas wehes Naturempfinden, selbst die Gewissheit des Todes, machte mich glücklich«, sagte er 1975 in einem Interview (Einer, S. 90).

Nach einer zweiten Fahrt als Hilfskoch in den ersten Monaten des Jahres 1923 wendet Koeppen sich der Welt des Theaters zu. In seinem teils fiktionalen, teils autobiographischen Prosabuch *Jugend* von 1976 berichtet der Erzähler über seine Besuche im Greifswalder Stadttheater. Die Mutter ist dort inzwischen Souffleuse geworden. Koeppen steht sogar selbst einmal auf der Bühne, wenn auch nur in einer Nebenrolle in dem Lustspiel *Im Weißen Rössl*, das im Sommer 1923 in Putbus auf Rügen gegeben wird. Am 6. November 1923 erscheint Koeppens erster gedruckter Text, der Aufsatz *Mode und Expressionismus* in der *Greifswalder Zeitung*. Der literaturbegeisterte junge Mann beginnt nun selbst in expressionistischer Manier zu schreiben und schickt ein Gedichtmanuskript an die erste Adresse für avantgardistische Literatur in Deutschland, an Kurt Wolff, der Kafka und Werfel gedruckt hat und die expressionistische Buchreihe *Der jüngste Tag* herausgibt. Wolff lehnt den Gedichtband ab.

Etwa ein Jahr ist Koeppen am Greifswalder Theater tätig, dann versucht er 1925, beruflich in Berlin Fuß zu fassen. Berlin als Kulturmetropole zieht ihn mächtig an, er leidet unter dem Provinzialismus der Greifswalder Verhältnisse. Der erste Anlauf scheitert, und ohnedies muss Koeppen noch einmal Ende 1925 nach Greifswald zurückkehren, weil seine Mutter 48-jährig einem Gehirntumor erliegt. Er verbringt ein knappes und eher perspektivloses Jahr in Greifswald, hört gelegentlich Vorlesungen an der Universität und wartet auf eine Chance zum Absprung. Es gelingt ihm, für die Spielzeit 1926/1927 eine wenngleich unbezahlte Stelle als Regie- und Dramaturgie-Volontär am Stadttheater in Würzburg zu erhalten. Koeppen kommt aber nur von einer Provinz in die andere. Seine engagierten Beiträge für das Programmheft des Stadttheaters, etwa gegen das sogenannte Schmutz- und Schundgesetz, das seiner Ansicht nach die Freiheit der Kunst gefährdet, werden mehrfach konfisziert. Den Intendanten verschreckt er mit dem Vorschlag, zeitgenössische expressionistische Stücke etwa von Georg Kaiser zu inszenieren. Als sich Mitte 1927 keine materielle Perspektive in Würzburg abzeichnet, versucht Koeppen den Neustart in Berlin. Er lebt nach wie vor in erster Linie von den Zuwendungen seines Nennonkels Wille. Wieder übt Koeppen diverse Gelegenheitsjobs aus, daneben unablässig schreibend, um irgendwo Fuß zu fassen. 1928 druckt die kommunistische Tageszeitung *Rote Fahne* zwei Erzählungen von ihm, die Züge einer Sozialreportage haben.

Privat und literarisch folgenreich ist die Begegnung mit der jungen Schauspielerin Sybille Schloß, zu der es wohl 1929 kam. Sybille Schloß war ähnlich wie Koeppen früh von zu Hause, aus einer saturierten Alzeyer Unternehmerfamilie, abgehauen und hatte sich mit 17 Jahren in das moderne Medienzentrum Berlin gestürzt. Die Verve, mit der sie das tat, dokumentiert der Wortlaut des Anschreibens, mit dem sie sich auf eine Casting-Annonce in der *Literarischen Welt* hin selbst für eine Filmkarriere empfahl: »Für den Film glaube ich, hervorragend geeignet zu sein, denn ich bin vollkommen hemmungslos.« (Döring, S. 78) In diese attraktive junge Frau, die es 1931 zum Covergirl von *Scherl's Magazin* brachte, verliebte Koeppen sich unsterblich. Jedoch war es eine unglückliche Liebe. Es war sein ausgesprochenes Pech, dass die sexuell recht flatterhafte Sybille Schloß gerade auf ihn erotisch nicht ansprach. Als der Germanist Jörg Döring die im New Yorker Exil lebende und inzwischen hochbetagte Dame im

Jahre 2000 aufspürte und nach ihrer Beziehung zu Wolfgang Koeppen befragte, antwortete sie: »Ich hab' viel rumgeschlafen, war nicht sehr wählerisch, aber den Wolfgang, den wollte ich partout nicht, den hättest Du mir um den Bauch binden können … Er war ein guter Freund, dem ich vertraut habe, mehr nicht, und es tut mir selbst leid, dass er so unglücklich war.« (Döring, S. 79) Für Koeppen wuchs sich die unglückliche Liebe zu Sybille Schloß zu einer fixen Idee aus. Er hielt sie beide für füreinander bestimmt und verfasste zahlreiche sehnsuchtsvolle, verzweifelte Texte, in denen er seine wechselvolle Gefühlslage zum Ausdruck brachte. Diese Texte bilden die Vorstufe seines ersten Romans *Eine unglückliche Liebe*, der 1934 in Berlin erschien. Sybille Schloß bestätigte, dass Koeppen hier in Form eines Schlüsselromans über ihre Beziehung gesprochen hat. Als Schlüsselroman bezeichnet man ein Werk, in dem lebende Personen in mehr oder weniger leicht durchschaubarer literarischer Maskierung auftreten. Die Hauptfigur Friedrich, die Koeppen selbst entspricht, wird im Text als ›Amokläufer der Liebe‹ bezeichnet.

Nach gelegentlichen Artikeln für den *Berliner Börsen-Courier*, eine angesehene liberale Tageszeitung, gelang es Koeppen im Frühjahr 1932, zu dessen regelmäßigem Mitarbeiter zu werden. Da er die Sympathie des bedeutenden Theaterkritikers Herbert Ihering genoss, erhielt er im September 1932 endlich eine feste Redakteursstelle und publizierte in den folgenden anderthalb Jahren über 200 Artikel.

Obwohl Koeppen eine eher apolitische Haltung einnahm und gegen die am 30. Januar 1933 an die Macht gekommenen Nationalsozialisten nicht offen opponierte, bedeutete die Gleichschaltung des *Börsen-Couriers* das Ende seiner vielversprechend gestarteten Karriere als Kulturjournalist. Am 6. Januar 1934 teilte ihm der neue Chefredakteur mit, keine weitere

Verwendung für ihn zu haben. Koeppen, der ohnedies immer mit einer Existenz als von einem Brotberuf unabhängiger Romanautor geliebäugelt hatte, wurde die Entscheidung, sein Leben als freier Schriftsteller zu führen, von den Verhältnissen sozusagen aufgenötigt. Durch einige Erzählungen im *Börsen-Courier* hatte Koeppen die Aufmerksamkeit des Lektors Max Tau erregt. Tau nahm mit Koeppen Kontakt auf und motivierte ihn dazu, für den Bruno Cassirer Verlag einen Roman zu schreiben. Mit dem Vorschuss konnte Koeppen im Frühjahr 1934 eine Italienreise unternehmen, die er zu einer Stippvisite in Zürich nutzte. Dort hatte Erika Mann, die älteste Tochter Thomas Manns, mit ihrem Kabarett ›Die Pfeffermühle‹ Zuflucht gesucht, dem Sybille Schloß als Ensemblemitglied angehörte. Den Roman schrieb er erst nach seiner Rückkehr im Sommer 1934 in kurzer Zeit. Schon im November 1934 erschien *Eine unglückliche Liebe* in Berlin. Der Roman fand überwiegend freundliche Aufnahme. Nur der Rezensent des *Börsen-Couriers* Herbert G. Göpfert regte sich über die Schilderung der ›schwächlichen Kreaturen‹ auf und empfahl dem Autor zur Stählung des Charakters den »Arbeitsdienst« (Döring, S. 106).

Noch 1934 siedelte Koeppen zu einem befreundeten Ehepaar nach Den Haag in Holland über, wo er seinen zweiten Roman *Die Mauer schwankt* schrieb. Er erschien im Herbst 1935 wiederum bei Cassirer in Berlin. Als dieser jüdische Verlag liquidiert wurde, wurde das Buch sogar von einem anderen Verlag unter dem Titel *Die Pflicht* übernommen. Im Mittelpunkt dieses Romans, der überwiegend in einer Kleinstadt weit im Osten spielt, steht die Figur des Baumeisters Johannes von Süde, in dem man unschwer ein Porträt von Theodor Wille erkennen kann. Hier ist atmosphärisch breit ausgeführt, was in den Kindheitserinnerungen des Schriftstellers Philipp in *Tauben im Gras* mehrfach angedeutet wird.

Da die materiellen Bedingungen für Koeppen in Holland immer schwieriger wurden, entschloss er sich, nach Deutschland zurückzukehren. Er nimmt wieder Verbindung mit Herbert Ihering auf, der ihm dabei behilflich ist, als Drehbuchschreiber beim Film unterzukommen. Wenige Tage nach der Reichspogromnacht im November 1938 trifft Koeppen wieder in Deutschland ein und wohnt zunächst bei seiner Tante Olga im Holsteinischen. Ab 1939 ist er in Berlin und arbeitet für eine in Wien ansässige Produktionsfirma; nach der Ausbombung seiner Wohnung geht er Anfang 1944 nach München und ist für die *Bavaria-Filmkunst* tätig. Er ist an etlichen Filmprojekten beteiligt, von denen jedoch keines bis zur Verfilmung reift. In Feldafing bei München lernt er die 16-jährige Marion Ulrich kennen. Es kommt zu einer intensiven Liebesbeziehung. Im Spätherbst 1948 heiraten sie. Marion war eine kapriziöse Frau. Von Jugend an war sie an Alkohol gewöhnt. Der Rausch verwandelte sie in eine Furie. Koeppen thematisiert diese Verwandlung von einem zutraulich-freundlichen Dr. Jekyll in einen aggressiv-unberechenbaren Mr. Hyde – nach dem Vorbild von Robert Louis Stevensons Novelle *The strange case of Doctor Jekyll and Mister Hyde* (*Der seltsame Fall des Dr. Jekyll und Mr. Hyde*) von 1886 – in seinem Roman *Tauben im Gras* am Beispiel seiner Figur Emilia. Er wusste, worauf er sich einließ, als er Marion heiratete, und dass sie auf sein Schreiben eher mit Eifersucht und Unverständnis reagierte.

Die lukrative Tätigkeit für den Film ließ sich nach dem Zusammenbruch des nationalsozialistischen Regimes nicht fortsetzen. Koeppen suchte nach einem Neuanfang. Er schrieb 1947/1948 ein Jahr lang sporadisch Artikel für das von Erich Kästner betreute Feuilleton der *Neuen Zeitung* in München; seit 1946 wurde er von seinem alten Bekannten Herbert Kluger, den er in der *Unglücklichen Liebe* als bei Sybille erfolgreichen Konkurrenten Bosporus geschildert hatte, als Lektor in dessen neu gegründetem Verlag beschäftigt. Koeppen betreute die Herausgabe eines sozialkritischen Romans von Émile Zola und versah ihn mit einem bekenntnishaften Vorwort, in dem er sich für eine gesellschaftlich engagierte Literatur stark macht. Kluger hatte sich bereits 1946 mit der Publikation von Arnold Weiß-Rüthels Aufzeichnungen *Nacht und Nebel* über seinen Aufenthalt im KZ Buchenwald als Verlag positioniert, der sich für die Auseinandersetzung mit den Verbrechen des Dritten Reichs einsetzte. 1948 ließ Kluger das Buch *Aufzeichnungen aus einem Erdloch* folgen, das als Verfasser Jakob Littner nannte, einen schriftstellerisch bis dahin nicht in Erscheinung getretenen ehemaligen Münchner Briefmarkenhändler, der als verfolgter Jude eine Odyssee durch verschiedene Ghettos, Lager und Verstecke in Polen hinter sich hatte. 1992 wurde der Text unter dem Namen von Wolfgang Koeppen wieder publiziert, und es stellte sich heraus, dass Koeppen eine Vorlage von Littners Erinnerungen in stark redigierter Form zu einem eigenen Text umgeformt hatte. Koeppen hebt in seinem Vorwort hervor, dass das Honorar, das er seinerzeit erhielt, in Care-Paketen bestand, die der inzwischen in die USA emigrierte Littner nach Deutschland schickte. Die schwierige materielle Situation in der frühen Nachkriegszeit bezeugen auch Koeppens Versuche, Teile des üppigen Hausstands seiner Tante Olga zu verkaufen. Wie Philipps Frau Emilia in *Tauben im Gras* ist Koeppen im Herbst 1948 in Hamburg unterwegs, um bei Antiquitätengeschäften und Auktionen die Chancen auf Erlöse zu sondieren. Koeppens Biographen Hiltrud und Günter Häntzschel schreiben: »Das Haus der Tante in Reinfeld steht voller alter Möbel und Kunstgegenstände, der Schwarzmarkt blüht; hier ein Ring, dort ein Teppich lassen sich zu Geld machen.« (Häntzschel, S. 42) In dieser Situation kam für Koeppen die Kontaktaufnahme durch den Verleger Henry Goverts gerade zum rechten Zeitpunkt.

2 Zeitgeschichtlicher Hintergrund

Zunächst muss man auf zwei Besonderheiten hinweisen, die die Situation nach dem Ende des Zweiten Weltkriegs kennzeichnen. Das ist zum einen die Tatsache, dass niemals zuvor Deutschland am Ende eines Kriegs derartig flächendeckend zertrümmert war. Vor allem die Zerstörung der großen Städte wie Berlin, Köln, Hamburg und Dresden war von historisch einmaligem Ausmaß. Deutschland war eine gewaltige Ruinenlandschaft, eine Steinwüste voller ungeborgener Toter und mit einer völlig zerschlagenen Infrastruktur. Nicht wenige Menschen führten in diesen ersten Nachkriegsmonaten, einer seltsam aus dem Kontinuum der Geschichte gesprengten Zeit, eine Art Höhlenexistenz. Mehrfach hat die Literatur dieses Ruinenleben durch die Perspektive von Kindern dargestellt, so etwa Wolfgang Borchert in seiner Kurzgeschichte *Nachts schlafen die Ratten doch* (1946) und Walter Kolbenhoff in seinem Roman *Von unserem Fleisch und Blut* (1947).

Die zweite Besonderheit betraf den geistigen oder besser: ideologisch-weltanschaulichen Bereich. Die Deutschen hatten nicht einfach einen Krieg verloren, sie waren nicht einfach militärisch besiegt worden. Hinter ihnen lag ein Krieg, dessen Antriebsmotor eine Ideologie, die nationalsozialistische Weltanschauung, gewesen war, die dazu geführt hatte, dass die Deutschen in diesen Krieg mit dem Ziel gezogen waren, andere Länder und Völker zu unterwerfen, um Raum für die eigene ›höherwertige Rasse‹ zu erobern, und die aus dieser rassistischen Überzeugung die ungeheuerliche Berechtigung ableitete, hinter den Fronten die Angehörigen einer ›anderen Rasse‹, der Juden, zu vernichten. Die Deutschen standen also am 8. Mai 1945 nicht einfach als Verlierer vor der Weltöffentlichkeit da, sondern als ein Volk, das eine in der Menschheitsgeschichte einmalige Schuld auf sich geladen hatte.

Aus diesen schlimmen Voraussetzungen ergaben sich geradezu zwangsläufig einige kulturpolitische Entscheidungen der Besatzungsmächte USA, England, Frankreich und Russland. Zur Erinnerung: Deutschland war nach den Beschlüssen der Konferenz der Siegermächte in Jalta vom 4. bis 11. Februar 1945 in vier Einflusszonen aufgeteilt worden. Zwar sollte das besetzte Deutschland grundsätzlich als eine Einheit behandelt werden, aber faktisch führten die Direktiven der vier Besatzungsmächte schon wenige Monate nach Kriegsende zu unterschiedlichen Akzentsetzungen.

Die kulturpolitische Orientierung der Amerikaner wurde entscheidend dadurch beeinflusst, dass maßgebliche Kreise in der US-Regierung Anhänger der Kollektivschuld-These waren. Diese These besagte, alle Deutschen, die im Dritten Reich gelebt hatten, hätten in mehr oder weniger hohem Maß persönliche Schuld auf sich geladen. Aufgrund dieser Prämisse schlugen die Amerikaner eine vergleichsweise dirigistische Kulturpolitik ein. Wenn das politische Bewusstsein der Deutschen zutiefst undemokratisch und nationalsozialistisch deformiert war, war es nur konsequent, eine demokratische Umerziehung des deutschen Volks in Angriff zu nehmen. Zu diesem Zweck entwickelte die amerikanische Administration ein sogenanntes *re-education*-Programm, das die Grundwerte westlichen demokratischen Denkens vermitteln sollte. In diesen Kontext gehört auch die Vortragsreise der Romanfigur Edwin in Koeppens *Tauben im Gras.*

Die als große volkserzieherische Aufgabe begriffene *re-education,* die die Deutschen zu Demokraten machen sollte, wurde allerdings durch die weltpolitische Entwicklung unterlaufen. Die Verbündeten des Zweiten Weltkriegs, USA und Sowjetunion, gerieten rasch in einen immer schärfer werdenden Konflikt. Die Zeit, in die uns *Tauben im Gras* eintauchen lässt, ist die Entstehungsphase des Ost-West-Konflikts.

München nach 1945: Reparaturarbeiten am aus dem 14. Jahrhundert stammenden Karlstor mit Warnschild für Autofahrer.

Besonders die Korea-Krise, die sich zu einem handfesten Korea-Krieg auswuchs, der als eine Art Stellvertreterkrieg der beiden Weltmächte geführt wurde, veränderte die Haltung der amerikanischen Regierung zu den Deutschen nachhaltig. Sie wurden nun nicht mehr primär als ehemalige Feinde betrachtet, denen man die Werte der westlichen Demokratie vermitteln wollte, sondern eher als die künftigen Freunde oder wenigstens als Verbündete in der ideologischen und, falls nötig, auch militärischen Auseinandersetzung mit der kommunistischen Sowjetunion.

Diese Veränderung im Verhältnis von Amerikanern und Deutschen ist gewissermaßen als atmosphärischer Hintergrund für die Bräuhausszene in Koeppens Roman mitzudenken, wenn sich Amerikaner und Deutsche bierselig zu den

Klängen von Adolf Hitlers Lieblingsmarsch in den Armen liegen (vgl. S. 199 f.). Der weltpolitisch bedingte Schwenk hatte erhebliche Konsequenzen für das geistige Leben in Deutschland. Etwas überspitzt gesagt trat an die Stelle eines in den ersten Nachkriegsjahren zu beobachtenden redlichen Bemühens um die Aufarbeitung der Verbrechen des nationalsozialistischen Regimes – allen voran der Völkermord an den Juden – die ideologische Verpflichtung auf den Antikommunismus. Hierbei wirkte der Blick zurück auf die Geschichte des Dritten Reichs, bei der die Kommunisten als Opfer Sympathiepunkte hätten machen können, eher störend. Erst Ende der Vierziger-, Anfang der Fünfzigerjahre schlägt die Geburtsstunde jener ›Unfähigkeit zu trauern‹ (Margarete und Alexander Mitscherlich), die sprichwörtlich für die kollektive Verdrängung der nationalsozialistischen Verbrechen in der deutschen Öffentlichkeit wurde. Es ist hier daran zu erinnern, dass die Judenvernichtung und das zu diesem Zweck eingerichtete Lagersystem des Dritten Reichs unmittelbar nach dem Zweiten Weltkrieg in vielen Publikationen dokumentiert wurde. Neben den beiden Veröffentlichungen aus dem Kluger-Verlag, auf die bereits hingewiesen wurde (vgl. S. 16 dieses Bands), sind in diesem Zusammenhang etwa Rudolf Kalmars Bericht *Zeit ohne Gnade* von 1946, Eugen Kogons Darstellung *Der SS-Staat* von 1947 und Hermann Langbeins Bericht *Die Stärkeren* von 1949 zu nennen. Im Erscheinungsjahr von *Tauben im Gras* wagte es auch Heinrich Böll, in seinem Roman *Wo warst du, Adam?* den Massenmord an den Juden literarisch zu gestalten. Der Prozess der kollektiven Verdrängung wurde in der Folgezeit jedoch durch den Beginn des deutschen ›Wirtschaftswunders‹ befördert.

In den Westzonen hatte sich am 5. September 1946 der sogenannte Wirtschaftsrat gebildet, in dem die amerikanische und die britische Besatzungsmacht Aktivitäten zur Stimulierung der Produktion koordinierten. Erstes Ergebnis war die Bildung der Bizone am 1. Januar 1947. Am 5. Juni desselben Jahrs wurde auf einer Konferenz der Westalliierten der nach dem amerikanischen Außenminister benannte Marshall-Plan beschlossen, der zusammen mit der am 20. Juni 1948 erfolgenden Währungsreform zu einem erheblichen Kapitalzufluss führte, wodurch die Produktionsstätten wiederbelebt wurden und der private Konsum angekurbelt wurde. Plötzlich waren die Waren, die wegen der Wertlosigkeit der Reichsmark absichtlich zurückgehalten worden und auf einem blühenden Schwarzmarkt zirkuliert waren, in den Geschäften verfügbar. Die Ökonomie reorganisierte sich durch diesen Geld(zu)fluss rasch als kapitalistische Marktwirtschaft. Da aber bis in das Ahlener Programm der CDU (1947) hinein alle Parteien sich sozialistische Positionen zu eigen machten und eine staatliche Kontrolle der Schwerindustrie im Sinne ihrer sozialen Verpflichtung befürworteten, entstand die Idee des Sozialstaats und der sozialen Marktwirtschaft.

Auf der politischen Ebene hatten sich 1945 die Parteien neu konstituieren dürfen. Bereits 1946 gab es Wahlen auf kommunaler und Länderebene. Die Länderparlamente bildeten verfassungsgebende Versammlungen, die Ende 1946 etwa in Bayern durch Volksabstimmung bestätigt wurden. Im Frühjahr 1948 beschloss die Londoner Konferenz der Westalliierten, Deutschland ein föderatives Regierungssystem zu verleihen. Am 1. September 1948 trat unter Vorsitz von Konrad Adenauer der Parlamentarische Rat zusammen, um eine Verfassung zu entwerfen. Am 8. Mai 1949 wurde das Grundgesetz der Bundesrepublik Deutschland verabschiedet, im August folgten die ersten Bundestagswahlen, aus denen die CDU mit 31 Prozent der abgegebenen Stimmen knapp als stärkste Partei hervorging. Sie stellte mit Adenauer den ersten Bundeskanzler, der bis 1963 im Amt blieb.

Die unmittelbare Nachkriegszeit trug durchaus anarchische Züge. Die alte Ordnung war zusammengebrochen, eine neue hatte sich noch nicht ganz gefestigt. Die in *Tauben im Gras* geschilderten Verhältnisse, die Koeppen im Februar 1951 ansiedelt, charakterisieren fast eher die Jahre vor der Staatsgründung. Er entwirft das Bild von der Gesellschaft als Dschungel, wie es wohl besonders für die Zeit vor der Währungsreform passend ist. Die Situation war denkbar unübersichtlich. Das Bild wurde von der Durchschnittsbevölkerung dominiert, von Menschen, die als Mitläufer dem Nationalsozialismus gegenüber loyal eingestellt gewesen waren. Daneben gab es aber auch die Gruppe der ehemals (oder noch immer) fanatischen Anhänger des Nationalsozialismus, vom einfachen PG (Parteigenossen) bis hin zum politisch exponierten Funktionsträger. Dann gab es die unmittelbar an verbrecherischen Taten Beteiligten, etwa diejenigen, die den Wachmannschaften der Konzentrationslager oder Heinrich Himmlers (des Reichsführers SS) Einsatzgruppen angehört hatten, welche hinter den Fronten im Osten Massenliquidierungen durchführten.

Auf der anderen Seite gab es die Überlebenden der Konzentrationslager, freigekommene politische Häftlinge, die ersten aus dem Exil zurückkehrenden Antifaschisten, oft als Offiziere in den Diensten einer der alliierten Armeen.

Dann gab es die militärischen und zivilen Vertreter der vier Besatzungsmächte. Und schließlich gab es das riesige Heer der sogenannten DPs *(Displaced Persons)*, das aus Millionen ehemaliger Zwangsarbeiter, Kriegsgefangener, den Angehörigen ehemaliger ausländischer Hilfstruppen der Reichswehr und nicht zuletzt all den Flüchtlingen bestand, die aus den verschiedensten Motiven, freiwillig oder unfreiwillig, vor den Armeen der Siegermächte ins ›deutsche Kernland‹ gekommen waren. All diese verschiedenen Gruppen waren zudem bei einem noch völlig desolaten Verkehrs- und Transportsystem in ständiger Bewegung, auf der Suche nach Verwandten und Freunden, nach Nahrung und Wohnung, nach Arbeit und Zukunft.

Unter diesen Gruppen bildeten die farbigen Angehörigen der amerikanischen Besatzungsarmee sicher eine der auffälligsten – zumindest aus der Perspektive des Durchschnittsdeutschen. Der vergleichsweise lockere Umgangston zwischen den Dienstgraden, die Vielzahl der weiblichen US-Army-Angehörigen und das ganze etwas laxe Benehmen der Militärs stachen auf deutliche Weise vom preußischen Stil und erst recht dem ›Kadavergehorsam‹ in der Reichswehr ab, die in ihrer Spätphase zudem unter die Kontrolle von nationalsozialistischen Führungsoffizieren geraten war.

Dass das Bild, das speziell die amerikanischen Streitkräfte in der Öffentlichkeit abgaben, nicht auf sonderlich viel Sympathie bei der Bevölkerung stieß, dokumentiert das Ergebnis einer Umfrage, die 1951 vom westdeutschen Allensbach-Institut durchgeführt wurde und den ›größten Fehlern der Besatzungsmächte seit 1945‹ galt. An dritter Stelle rangierte unter den Antworten ›das Auftreten der Besatzungsmächte‹ und dabei insbesondere ›der zur Schau getragene Luxus‹. In Koeppens *Tauben im Gras* stößt man in mehreren Varianten auf dieses Ressentiment gegenüber den amerikanischen Besatzern. Es gilt der geringeren militärischen Disziplin (vgl. S. 200 f.), der als Renommiergehabe empfundenen ständigen Präsenz der Straßenkreuzer (›Ami-Schlitten‹) (vgl. S. 74 f.), dem als despektierlich erachteten Umgang mit requirierten Wohnungen und deren Mobiliar (vgl. S. 19), schließlich den zahlreichen sexuellen Beziehungen zwischen Besatzungssoldaten und deutschen Frauen (vgl. S. 65 f.). Vor allem die sexuellen Beziehungen zwischen farbigen Soldaten und der einheimischen weiblichen Bevölkerung fand man, zumal wenn sie nicht folgenlos blieben (›Schokoladenkinder‹), anstößig.

3 Entstehungsgeschichte

Da sich weder Handschrift noch Typoskript von *Tauben im Gras* erhalten haben, kann man nicht viel zur Entstehung des Texts sagen. Es ist nicht ganz klar, wann Henry Goverts Koeppen kontaktiert hat. Sie hatten gemeinsame Bekannte, waren sich aber noch nicht persönlich begegnet. In Interviews gab Koeppen als Jahr der Kontaktaufnahme 1948, 1949 oder auch 1950 an.

Entstanden ist der Roman schließlich recht rasch. Koeppen sagte in einem Gespräch mit Marcel Reich-Ranicki, er habe den Roman »in zwei, drei Monaten« geschrieben. Diese Art der Textentstehung ist typisch für Koeppen. Seine drei Romane der Fünfzigerjahre sind durchweg Ergebnisse eines Produktivitätsschubs. Im Fall von *Tauben im Gras* dürften diese zwei, drei produktiven Monate ins Frühjahr 1951 fallen, denn bereits Ende Juni reagiert Henry Goverts auf die Zusendung des fast fertigen Romans. Sein Urteil ist sehr positiv und er äußert nur eine Reihe vorwiegend kleinerer stilistischer Änderungswünsche. Anfang Juli bestätigt Goverts den Empfang der letzten 100 Seiten und bescheinigt Koeppen, er habe »ein literarisch bedeutendes Werk« geschaffen. Am 23. Juli wird der Verlagskontrakt geschlossen. Koeppen kommentiert diesen Schlusspunkt in einem Brief vom 3. August 1951 an seinen Verleger (vgl. Romanfigur, S. 83):

> Ohne Ihr freundliches förderndes Interesse, ohne Ihr beharrliches Fragen nach dem Manuskript wäre wohl auch in diesem Jahr wieder nichts von mir gedruckt worden, und ich freue mich nun und danke Ihnen, dass es anders gekommen ist. Ich habe – jetzt wieder in Fahrt – neue Pläne, stärkeren Schaffensmut, und hoffe, dass unsere Zusammenarbeit Sie nicht enttäuschen wird.

Cover der Erstausgabe von »Tauben im Gras« im Stuttgarter Verlag Scherz & Goverts (1951).

Im selben Brief teilt Koeppen mit, dass er mit Unterstützung des Lektors Hans Georg Brenner die Änderungen im Manuskript »nach Ihren Weisungen in der verabredeten Weise ausgeführt« (Oehlenschläger, S. 17) habe. Über Charakter und Umfang der Änderungen lässt sich mangels Vergleichsmöglichkeiten nichts Genaues sagen. Die erhaltenen Änderungswünsche in dem Brief von Goverts erlauben nur die Feststellung, dass Koeppen offenbar zahlreiche Einklammerungen entfernt, das Lesen erleichternde Zeichensetzungen eingefügt und insgesamt den Stil etwas geglättet hat. Goverts empfand den Einsatz der assoziativen Schreibweise im Stil von James Joyce wohl als teilweise etwas angestrengt und als »ein verkrampftes Zuviel, das oft bis an die Grenze des Lesbaren geht« (Oehlenschläger, S. 16). Mit dem Endprodukt war Goverts jedenfalls höchst zufrieden, wie der Werbetext für den Roman im Herbstprospekt des Verlags zeigt.

Dieser Roman ist ein Ereignis. Er ist die bedeutendste literarische Gestaltung der Nachkriegszeit, ein völlig aktueller Gegenwartsroman, der 1951 in einer deutschen Großstadt spielt, geformt von einem überlegenen Geist. Was er spiegelt, ist das in sich mürbe, unsichere Leben in unserer unruhigen Zeit, die vom Zufall beherrscht wird. Fesselnd werden die verschiedensten Menschen geschildert, Deutsche aus allen Kreisen, Amerikaner, die reisen, Intellektuelle jeder Schattierung, darunter ein weltberühmter angelsächsischer Dichter, aber auch Neger, die zur Besatzung gehören. Gegen diese bildet sich nach wechselvollen Spannungen im Volksgewimmel des Bräuhauses eine Atmosphäre der Abwehr. Besonders eindrucksvoll ist im Gegensatz dazu gestaltet, wie sich eine Frau durchringt, zu dem Neger Washington Price zu halten, der den Traum von Washingtons Inn verwirklichen will, dem Gasthaus, in dem niemand unerwünscht ist.

Werbetext des Verlags für Wolfgang Koeppens »Tauben im Gras«.
Historisches Archiv des Börsenvereins Frankfurt
(zitiert nach: Romanfigur, S. 83)

II Inhaltsangabe

Eine Inhaltsangabe von *Tauben im Gras* zu versuchen, gleicht einer Sisyphosarbeit, weist doch bereits der Titel auf ein unübersichtliches, ständig bewegtes Gewimmel hin, das sich allen Ordnungsbemühungen entzieht. In den insgesamt 105 Textsequenzen treten über vierzig namentlich genannte und Dutzende weitere namenlos bleibende Figuren auf, deren Lebensfäden sich an diesem Tag auf ihren Wegen durch die Stadt verknoten. Gleichwohl sollen die vielfach verstrebten Handlungsstränge wenigstens in groben Zügen skizziert werden. Zur besseren Übersichtlichkeit werden dabei gelegentlich mehrere Sequenzen sowie die eine bestimmte Person betreffenden Geschehnisse zusammengefasst. Damit geht zwar die kleinteilige und sprunghafte synchrone Erzählweise des Romans ein Stück weit verloren; aber dieses Verfahren erleichtert den Nachvollzug der Abläufe. Ort und Zeit der Handlung werden zwar nicht genannt, lassen sich indes durch eindeutige Indizien feststellen. Der Ort der Handlung ist das München zur Zeit der amerikanischen Besatzung, erzählt werden die Ereignisse eines einzigen Tages, des 20. Februar 1951.

Der Text beginnt mit einer Exposition der Erzählerstimme. In der Vergangenheitsform wird die bedrohliche Situation entworfen, dass Flugzeuge über der Stadt kreisen, deren Motorenlärm die Assoziation eines Gewitters hervorruft. Die zweite Sequenz, in der sich die auktoriale Erzählweise fortsetzt, intensiviert das Klima der Bedrohung, indem sie den zeitgenössischen Konflikt um die persischen Öllieferungen aufgreift. Mittels einer ganzen Reihe einmontierter Zeitungsschlagzeilen zum Thema Öl evoziert der Erzähler die politisch angespannte Lage zwischen Ost und West. Das zweigeteilte Deutschland, durch das die Grenze zwischen den beiden

Blöcken mitten hindurch verläuft, erscheint als besonders gefährdet. Obwohl die Atmosphäre von Angst vor einem dritten Weltkrieg erfüllt ist, sind die Illustrierten voll von Memoiren hoher Militärs des jüngst vergangenen Kriegs.

Die erste Person, die in der dritten Sequenz eingeführt wird, ist der Filmschauspieler Alexander, der vorzugsweise in der Rolle eines Erzherzogs gezeigt wird. Er kämpft bei der Anprobe mit Übelkeit, weil ihm noch die mit seiner partysüchtigen Frau Messalina und einigen Künstlern und Prostituierten durchzechte Nacht in den Knochen steckt. Seine kleine Tochter Hillegonda ist schon früh am Tag mit der bigotten (engherzig frommen) Kinderfrau Emmi zum ersten Kirchgang aufgebrochen. Sie erzieht das Kind mit besonderer Strenge, um den schlechten Einflüssen des ›sündigen Schauspielermilieus‹ entgegenzuwirken. Währenddessen verlässt der Schriftsteller Philipp das Hotel, in das er geflohen ist, um den Aggressionen seiner betrunkenen Ehefrau Emilia zu entgehen. Durch den Unrat der vergangenen Nacht macht er sich auf den Weg zu seinem Psychotherapeuten Dr. Behude. Dieser spendet gerade Blut, um sich zu kasteien und seine schmalen Einkünfte aufzubessern. Am Bahnhof trifft der dunkelhäutige amerikanische Besatzungssoldat Odysseus Cotton ein, dem sich der Kofferträger Josef als Begleiter andient. Odysseus überlässt ihm zum Tragen sein Kofferradio, aus dem die Stimme einer Farbigen erklingt. Sie brechen zu einem Gang durch die Stadt auf. Emilia erwacht in ihrer alten Stadtvilla, die ihr Großvater, ein Geheimer Kommerzienrat, prunkvoll eingerichtet hat. Inzwischen ist das Vermögen aufgezehrt, das nicht zuletzt auch durch das nationalsozialistische Engagement ihres Vaters durchgebracht worden ist. Auf dem Besitz lasten Hypotheken, Emilia ist verarmt und muss sich und Philipp durch den Verkauf von Wertsachen erhalten. Sie findet sich mit ihren zahlreichen Haustieren alleingelassen, begibt sich in Philipps Arbeitszimmer, wo er seiner Schreibarbeit nachgeht, die sie ebenso hasst wie sie sich davon Ruhm und Reichtum verspricht. Das Blatt in Philipps Schreibmaschine ist, wie meist, leer. Emilia setzt sich auf sein Ledersofa, onaniert und überlässt sich ihren Gedanken, die um das verlorene Erbe und um den von Philipp und seinen Büchern eingeschleppten modernen Geist kreisen.

Aus dem Flugzeug heraus betrachtet Richard Kirsch, Sohn des ausgewanderten preußischen Berufsoffiziers Wilhelm Kirsch und nun 18-jähriger Soldat der US-Luftwaffe, die Stadt seiner Vorfahren. Er ist neugierig, aber frei von jeder Nostalgie. Er kommt als überzeugter Anhänger des *american way of life*. Zwar will er auch Frau Behrend besuchen, deren Neffe er ist und die sein Vater in der unmittelbaren Nachkriegszeit mit Care-Paketen versorgt hat, doch überwiegt die Empfindung von Distanz zu den deutschen Familienangehörigen. Odysseus und Josef durchqueren auf ihrem Weg durch die Stadt die Halbweltquartiere. Schlepper und Wechsler hängen sich an den Besatzungssoldaten, Dirnen, aber auch bürgerliche Frauen taxieren den exotischen Mann. Emilia hat wieder verschiedene Wertsachen – Schmuck, Porzellan und einen kleinen Teppich – eingesteckt und macht sich auf den Weg zu Antiquitätengeschäften und einem Juwelier. Sie schämt sich ihrer abgetragenen und unzeitgemäßen Kleidung. Der berühmte, preisgekrönte amerikanische Literat Edwin ist auf dem Weg ins Hotel. Er betrachtet aus dem Wagen des Konsulats heraus interessiert die zerstörte Stadt. Am Abend soll er im Amerikahaus einen Vortrag über die Unsterblichkeit des Geistes und die Seele des Abendlands halten, um den Geschlagenen Trost zuzusprechen und Zukunftsglaube zu wecken. Der Wagen streift beinahe Dr. Behude, der auf dem Fahrrad zu seinem Patienten Schnakenbach und seiner Praxis unterwegs ist. Er möchte am Abend Edwins Vortrag besuchen.

In einer horizontblauen Limousine fährt auch der farbige Sergeant Washington Price gerade an ihm vorbei. Er denkt darüber nach, wie er zu Geld kommen kann, damit seine deutsche Freundin Carla Behrend sein Kind austrägt. Sie hat bereits einen elfjährigen Sohn von einem im Weltkrieg verschollenen Mann und möchte das neue Kind, das nun in ihr wächst, abtreiben. Washington ist ein erfolgreicher Baseballspieler, aber er spürt, dass sich seine Sportlerkarriere langsam dem Ende zuneigt. Carla hat Washington als Sekretärin bei der schwarzen Transporttruppe kennengelernt. Zuvor war sie Sekretärin beim deutschen Platzkommandanten und hat in dieser Funktion etwas Englisch gelernt. Mit den amerikanischen Waren, die Washington mitbringt, versorgt sie auch ihren Frauenarzt Dr. Frahm, um ihn sich gewogen zu stimmen. Sie ist fasziniert von den Hochglanzbroschüren über moderne amerikanische Kücheneinrichtungen und würde Washington sogar in die USA folgen.

In einem Bus wird eine Reisegesellschaft amerikanischer Lehrerinnen zu einer Sightseeing-Tour durch die Stadt gefahren. Die 21-jährige Kay ist enttäuscht, weil es ihr nicht gelingt, hier das romantische Land der Dichter und Denker zu entdecken, von dem ihr in den USA der exilierte deutsche Literaturprofessor Dr. Kaiser vorgeschwärmt hat, und sie sich vielmehr an Boston und seine Vorstädte erinnert fühlt. Ihre ältere Kollegin Katherine Wescott, die heimlich in Kay verliebt ist, schreibt alles für den Unterricht mit, während sich die Leiterin der Gruppe, Mildred Burnett, ohne Männer langweilt. Auf dem Weg zum Antiquitätenhändler läuft Emilia Messalina in die Arme, die sie zu der abendlichen Party einlädt. Philipp hat in einem Caféhaus eine Pause eingelegt und sich dort von einer entfernten Bekannten, der Gräfin Anne, breitschlagen lassen, ebenso wie sie Kleister zu verkaufen. Er betritt anschließend mit dem Kleister ein Schreibmaschinenge-

Das München der Nachkriegszeit: eine amerikanische Reisegesellschaft auf dem Marienplatz, im Hintergrund die Frauenkirche.

schäft, kommt sich aber in seiner Verkäuferrolle zu lächerlich vor und bekundet daher zum Schein Interesse an den ausgestellten Diktaphongeräten. Zur Probe spricht er seine spontanen Gedanken für ein Interview mit Edwin auf das Band und wird daraufhin für einen Reporter gehalten. Als der Geschäftsmann ihm das Band vorspielt, flieht Philipp vor seiner ihn befremdenden Stimme.

Odysseus und Josef sind ebenfalls in ein Lokal eingekehrt. Sie trinken ein Bier in der ›Glocke‹, wo Angehörige verschiedener Nationen hocken, darunter auch ›alte Kameraden‹, die ihre Kriegserlebnisse austauschen. Washington ruft seine Eltern in Baton Rouge am Mississippi an, um sie um Geld zu bitten und sie von seinem Plan, Carla zu heiraten und mit ihr in die Staaten zu kommen, zu unterrichten. Während des Gesprächs wird ihm jedoch klar, dass das Leben für Carla in

Baton Rouge unzumutbar wäre, weil in den Blicken aller Bewohner seines rein farbigen Viertels ›Weiße unerwünscht‹ stehen würde. In ihm keimt die Idee, mit Carla irgendwo ein Hotel und eine Bar unter dem Motto ›Niemand ist unerwünscht‹ zu eröffnen. Er sucht nach dem Telefonat einen Supermarkt auf, lässt sich erst Kinderwäsche zeigen, kauft dann aber doch Reizwäsche für Carla. Dr. Frahm sitzt in seiner Praxis und denkt über all die Abtreibungen nach, die so viele junge Frauen von ihm erwarten. Er hadert mit seinem Gewissen, weil er sich durch den hippokratischen Eid, der jeden Arzt auf die Erhaltung menschlichen Lebens verpflichtet, gebunden fühlt, andererseits aber auch Verständnis für die verzweifelte Situation der ungewollt Schwangeren hat. Odysseus hat sich zu Josefs Unmut auf ein Würfelspiel mit einigen Griechen eingelassen. Als Odysseus nach anfänglichem Spielglück ständig verliert, erwacht sein Misstrauen und er lauert auf den angewandten Trick. Schließlich gelingt es ihm, der gezinkten Würfel habhaft zu werden und mehr als seinen Einsatz zurückzugewinnen.

Der amerikanische Anwalt Christopher Gallagher ruft seine in Paris zurückgebliebene Frau Henriette an. Henriette, geborene Cohen, hatte gegen Ende der Weimarer Republik eine vielversprechende Karriere als Schauspielerin begonnen, die aber nach Beginn des Dritten Reichs ein jähes Ende fand. Als Angehörige einer Emigrantentruppe tingelte sie durch verschiedene europäische Länder, bevor ihr die Ausreise in die USA gelang. Dort lernte sie den Anwalt Christopher Gallagher kennen und heiratete ihn. Da ihre Eltern zu den ersten Juden gehörten, die aus Berlin deportiert wurden und das Konzentrationslager nicht überlebten, will Henriette deutschen Boden nicht mehr betreten. In Christophers Begleitung ist ihr gemeinsamer etwa zehnjähriger Sohn Ezra. Ezra kann im Gegensatz zu seinem Vater gut Deutsch, weil er zweisprachig erzogen wurde. Henriette hat ihm immer deutsche Märchen vorgelesen, wodurch sich bei ihm eine Vorstellung von Deutschland als Märchenland herausgebildet hat. Er beobachtet aus Christophers Straßenkreuzer heraus eine Gruppe gleichaltriger Kinder, unter denen sich auch Heinz, der Sohn von Carla Behrend, befindet. Die Kinder spielen mit einem Hund, den Ezra gerne kaufen möchte. Er geht auf Heinz zu und stellt sich ihm als Jude vor. Heinz weiß mit der Auskunft wenig anzufangen und setzt ihr das Bekenntnis entgegen, dass seine Mutter ein Verhältnis mit einem ›Nigger‹ habe. Er ist permanent hin- und hergerissen zwischen der Bewunderung für Washingtons großes Auto und seine sportlichen Leistungen und der allgemein üblichen Verachtung, mit der über die farbigen Soldaten gesprochen wird. Washington trifft mit seinen Geschenken und Blumen bei Carla ein, die ein paar Zimmer innerhalb einer Wohnung hat, in der ein Bordell betrieben wird. Von der Vermieterin, der Bordellbesitzerin, erfährt er, dass Carla zu Dr. Frahm gegangen ist.

Emilias erste Station ist das Leihhaus, wo sie einen Teil des Familiensilbers versetzt. Dann steigt sie in den höhlenartigen Laden des Antiquitätenhändlers Unverlacht hinab, dem sie einen Gebetsteppich anbietet. Sie hat den Teppich zum Verkauf ausgesucht, weil er Philipp besonders lieb ist und sie ihn strafen möchte. Philipp hat unterdessen die Empfangshalle des Hotels erreicht, in dem Edwin abgestiegen ist. Er soll ihn im Auftrag des *Neuen Blatts* interviewen. Die ahnungslose Reporterin einer Boulevardzeitung hält ihn für Edwin und lässt die Pressekameras auf ihn richten. Die im Hotel eintreffenden amerikanischen Lehrerinnen missverstehen das Missverständnis, sehen in Philipp den Sekretär von Edwin und bitten um ein privates Treffen mit dem Berühmten. Als er sie darüber aufklärt, dass er selber wegen eines Gesprächs mit Edwin gekommen sei, halten sie ihn sogleich für einen ebenso berühmten deutschen Schriftsteller. Kay glaubt, in ihm nun endlich einen der romantischen deutschen Dichter gefunden zu haben, von denen ihr Literaturprofessor Dr. Kaiser ihr erzählt hat. Philipp flieht vor der ihm immer peinlicher werdenden Situation ins Innere des Hotels und gerät auf den Hinterhof. Dort begegnet ihm Edwin, der sich auf seinem Zimmer unwohl gefühlt hat und vor seinem Vortrag noch etwas durch die Stadt streifen will. Da ihn die in der Hotelhalle lauernde Messalina an eine klatschsüchtige Gesellschaftsjournalistin erinnert, verdrückt auch er sich durch den Hinterausgang. Die beiden Dichter spüren zwar eine geistige Verwandtschaft, gehen aber stumm aneinander vorbei.

Carla trifft ihre Mutter Frau Behrend im Domcafé. Sie haben einander nichts zu sagen, führen beide nur in ihren Gedanken ein Gespräch. Für Frau Behrend ist Carla eine Verlorene, weil sie sich mit einem Schwarzen eingelassen hat. Sie erklärt sich diesen ›unsittlichen‹ Lebenswandel mit dem ›zigeunerhaften Musikerblut‹ ihres Manns, der sich im Krieg in ein tschechisches Mädchen verliebt und sie ihretwegen sitzen gelassen hat. Odysseus und Josef haben den Turm des Doms bestiegen, weil Odysseus sich ein Bild von der Stadt der Weißen machen möchte. Bevor sie wieder hinabsteigen, schreibt er seinen Namen und seine Herkunft auf eine gotische Dämonenfigur. Washington ist bei Dr. Frahm angelangt und fragt ihn besorgt nach Carlas Befinden und Absichten. Frahm gibt sich unwissend.

Richard Kirsch ist auf dem Weg durch die Stadt vom Ausmaß der Zerstörungen wenig betroffen. Er kann für den Verlust all der alten Häuser kein Bedauern empfinden und sieht vielmehr die Chance, hier nun moderne Hochhäuser zu errichten. Unterwegs zu Frau Behrends Adresse denkt er über seinen Vater nach, der sich vom Berufssoldaten zum Pazifisten gewandelt hat.

Der Chemiker und Gewerbelehrer Schnakenbach, ein Patient von Behude, ist damit beschäftigt, für sich selbst ein Medikament herzustellen, das ihn von seiner Schlafsucht heilen soll. Er hatte sich als entschiedener Kriegsgegner vor seiner Musterung mithilfe von Drogen über Monate fast ununterbrochen wachgehalten und war wie erwünscht für untauglich erklärt worden. Seither ist er permanent müde. Odysseus und Josef sind in einem Sportstadion eingetroffen. Sie verfolgen ein Baseballmatch, in dem Washington mitspielt. Auch Christopher Gallagher, Ezra und Heinz sind unter den Zuschauern. Heinz schwankt zwischen Anfeuerung und Spott für Washington, der noch einmal über sich hinauswächst und entscheidend zum Sieg beiträgt. Als Washington im Radio von dem Sportreporter gefeiert wird, prügelt sich Heinz sogar für ihn mit ein paar Strichjungen, die ihn mit seinen zuvor geäußerten abfälligen Bemerkungen aufziehen. Ezra erbittet sich von seinem Vater zehn Dollar, um Heinz den Hund abzukaufen.

Als Carla in der Klinik ankommt, ist kein Bett für sie reserviert. Sie ist irritiert und wartet auf Dr. Frahm. Als er kommt, eröffnet er ihr, dass er die Abtreibung nicht vornehmen werde, weil der Vater des Kindes dagegen sei. Richard Kirsch trifft Frau Behrend nicht zu Hause an und hinterlässt ihr bei der Krämerin die Nachricht, dass er am Abend im Bräuhaus zu finden sei. Emilia hat inzwischen den Antiquitätenladen der Frau de Voss erreicht, in dem Edwin gerade nach einem besonderen Souvenir sucht. Er interessiert sich einen Moment lang für die Tasse mit dem Bildnis Friedrichs des Großen, die Emilia Frau de Voss zum Verkauf anbietet. Edwin durchschaut die Situation, fühlt sich peinlich berührt und verlässt unverrichteter Dinge den Laden. Auf dem Rückweg zum Hotel nimmt er sich vor, in seinem Tagebuch sein Verhalten zu analysieren.

Philipp liegt unterdessen bei seinem Psychotherapeuten Dr. Behude auf der Couch und lässt seine Gedanken durch seine Kindheit und Jugend streifen. Er denkt über seine Beziehung zu Emilia und seine eigene Unbrauchbarkeit für gesellschaftliche Veränderungen nach. Odysseus und Josef sitzen in einer verruchten Kneipe in einem Ruinenviertel. Odysseus zahlt Josef aus und winkt die Prostituierte Susanne zu sich. Susanne rückt neben ihn und stiehlt ihm sein Geld. Dem Juwelier Schellack legt Emilia vergeblich den Schmuck der Großmutter vor. Kay betritt das Geschäft und Emilia hängt ihr kurzentschlossen die unverkäufliche schwere Perlenkette um den Hals. Kay revanchiert sich spontan mit ihrem federbesetzten Reisehut. Die jungen Frauen umarmen einander und gehen zusammen hinaus.

Messalina betritt die Kneipe im Ruinenviertel, um Mädchen für ihre Party anzuheuern. Sie lädt Susanne ein und fordert sie auf, ihren Schwarzen mitzubringen. Odysseus hat inzwischen den Diebstahl bemerkt und ist in eine Schlägerei mit Gästen geraten, die er der Tat beschuldigt. Vor der Übermacht flieht er nach draußen und reißt Josef mit sich. An der Heiliggeistkirche verschanzen sie sich vor der nachdrängenden Meute, die sie mit Steinen bombardiert. Carla bombardiert zur selben Zeit Washington mit Geschirr, weil er die Abtreibung hintertrieben hat. Es gelingt ihm, sie zu beruhigen und davon zu überzeugen, dass sie sich eine gemeinsame Zukunft aufbauen können. Zu einem Leben in den Staaten will er sie nicht mehr überreden, aber er gewinnt sie für seinen Traum, in Paris ein Lokal mit dem Namen ›Washington's Inn‹ zu eröffnen, in dem niemand unerwünscht sein würde. Josef wird von einem Stein schwer am Kopf verletzt. Es bleibt unklar, ob es ein Stein war, den einer der Kneipengäste geworfen hat, oder ob, wahrscheinlicher noch, Odysseus Josef erschlagen hat. Odysseus nimmt Josef den ausgezahlten Lohn

Das Münchner Amerikahaus in der Arcisstraße. Während des Dritten Reichs hatte das als »Führerbau« bezeichnete Gebäude Hitler als Amtssitz in der »Hauptstadt der Bewegung« gedient. Aufnahme aus der Nachkriegszeit.

wieder ab. Er setzt seine Flucht fort und rettet sich vorläufig in den sogenannten Negerclub. Susanne folgt ihm wie magnetisch angezogen. Beschimpfungen als ›Ami-Hure‹ gellen ihr nach. Ein Priester lässt Josef ins Heiliggeistspital bringen. Emmi und Hillegonda, die in der Kirche waren, begleiten ihn und werden von dem Priester für Angehörige des Dienstmanns gehalten.

Die amerikanischen Lehrerinnen machen sich ohne Kay zu Fuß auf den Weg zum Amerikahaus, um Edwins Vortrag zu hören. Bei der Überquerung eines großen Platzes beobachtet Miss Burnett im Gras herumlaufende Vögel und vergleicht den Verlauf der Weltgeschichte mit ihren Bewegungen. Philipp geht in einen Weinausschank und trifft dort einen Redakteur des *Neuen Blatts*, der ihn beauftragt, nun wenigstens – nach dem verpassten Interview – einen Bericht über Edwins Vortrag zu schreiben.

In der Hotelbar beobachtet Messalina Emilia und Kay, die zusammen trinken und lachen. Sie überlegt, wie sie die beiden auf ihre Party lotsen kann. Als Edwin erscheint, schließt Kay sich ihm an. Emilia will nicht mitkommen, weil sie Literaten verabscheut. Als sie die Bar verlässt, lässt sie Kays Hut zurück.

Washington und Carla fahren im Straßenkreuzer zum ›Negerclub‹. Carla hat Vertrauen zu Washingtons Plan gefasst und ihren Glauben an die Zukunft zurückgewonnen. Christopher und Ezra überholen sie auf ihrem Weg zum Bräuhaus. Dr. Behude geht nach der erschöpfenden Sprechstunde beim ›alten Nazi‹ einen Wodka trinken. Der ›alte Nazi‹ betreibt einen von drei nebeneinanderliegenden Stehausschänken. Nebenan sitzt Emilia im Stehausschank der ›alten Dirne‹ und trinkt Kirschwasser. Ihr ist der kleine Hund zugelaufen, den Ezra Heinz abkaufen wollte. Er hatte sich während des Handgemenges, in das Heinz nach Washingtons Baseballspiel geraten war, aus dem Staub gemacht. Richard Kirsch sitzt gleichzeitig im dritten Stehausschank beim Italiener und hört sich dessen Strategiespiele für den dritten Weltkrieg an.

Im Heiliggeistspital stirbt Josef, neben ihm der kniende Priester und die betende Emmi. Nach einer Sendepause erklingt plötzlich unter Josefs Sterbebett die englischsprachige Stimme aus Odysseus' Kofferradio und kündigt den Vortrag von Edwin an.

Im Auditorium des Amerikahauses haben sich inzwischen viele Menschen versammelt, darunter Dr. Behude, Messalina und Alexander, die amerikanischen Lehrerinnen, Philipp und Kay. Als Edwin seinen Vortrag über den abendländischen Geist beginnt, versagt die Lautsprecheranlage und gibt nur ein Krächzen von sich. Von diesem Geräusch wacht Schnakenbach auf, der in der Bibliothek des Amerikahauses über pharmakologischer Fachliteratur eingeschlafen war. Er taumelt in den Saal und wird für den Haustechniker gehalten. Man drückt ihm das Mikrophon in die Hand, durch das er das Publikum emphatisch dazu aufruft, aufzuwachen.

Heinz wartet zwischen Bräuhaus und ›Negerclub‹ auf Ezra, um mit ihm das Geschäft abzumachen. Susanne geht an ihm vorüber und in den ›Negerclub‹ hinein. Im Club spielt die deutsche Band des ehemaligen preußischen Musikmeisters Behrend Jazz. Vor der Bühne sitzt das tschechische Mädchen Vlasta, das Herrn Behrend bei der Flucht aus dem von der deutschen Besatzung befreiten Prag geholfen hat und ihm nach Deutschland gefolgt ist. Heinz beobachtet, wie Washington und Carla den Club betreten. Gleichzeitig kommen Christopher und Ezra im Bräuhaus an. Dort langt auch Richard Kirsch in Begleitung einer jungen Deutschen an, die ihrem tristen Alltag entrinnen und mit einem jungen Amerikaner ausgehen wollte. Im Bräuhaus spricht man über Josefs Ermordung. Die Stimmung ist gereizt, zugleich ausgelassen und übermütig. Deutsche und Amerikaner verbrüdern sich beim Badenweiler Marsch, dem Lieblingsmarsch Adolf Hitlers. Inzwischen ist auch Frau Behrend auf der Suche nach ihrem Neffen Richard Kirsch eingetroffen. Sie entdeckt ihn auch, spricht ihn aber nicht an, da sie sich unsicher ist, ob er es ist; denn sie hält nicht für möglich, dass er so schamlos ist, zu einer Verabredung mit ihr sein ›Flitscherl‹ mitzubringen. Heinz mischt sich in das Bräuhaus-Getümmel und kippt Frau Behrend Schnaps ins Bier.

Nebenan im ›Negerclub‹ begrüßt Carla Behrend ihren Vater. Sie stellt ihm Washington vor und er ihr Vlasta. Susanne hat Odysseus entdeckt und tanzt mit ihm eng umschlungen zur Musik von Herrn Behrends Kapelle. Ezra, der sich zwischen den grölenden Erwachsenen fürchtet, entdeckt Heinz. Die beiden verlassen das Bräuhaus und schleichen in eine benachbarte Ruine. Ezras Vater Christopher singt lauthals und sentimental die deutschen Volksweisen mit, deren Text er nicht versteht. Frau Behrend ist ebenfalls in bierselige Stimmung geraten und singt mit ihren Nachbarn, zwei Geschäftsleuten. Sie schimpft auf die ›Neger‹ und wird von den Geschäftsleuten in ihrer ›tüchtigen Gesinnung‹ bestärkt. Da Heinz den Hund nicht bei sich hat, sind die beiden Kinder in Streit geraten und prügeln sich. Die poröse Ruinenmauer bricht unter ihnen zusammen und sie stürzen kreischend in die Tiefe. Das Hilfegeschrei der Kinder löst Sirenengeheul aus. Im Bräuhaus entsteht sogleich das Gerücht, nun hätten die ›Neger‹ ein weißes Kind umgebracht. Die aufgeputschte, angetrunkene Meute drängt hinaus und beginnt, Steine auf den ›Negerclub‹ zu werfen. Die ersten Scheiben bersten.

Philipp verfolgt Edwins Rede. Die Lautsprecheranlage funktioniert nun. Er gehört zu den wenigen, die sich bemühen, Edwins Ausführungen zu folgen. Die meisten der Anwesenden hängen eigenen Gedanken nach oder sind eingeschlafen. Edwin nimmt in seinem Vortrag kritisch auf das von Gertrude Stein stammende Bild der ›Tauben im Gras‹ Bezug, in dem er einen unverantwortlichen Nihilismus sieht. Er stellt dem die Verpflichtung auf Goethes Weltanschauung gegenüber. Das Steinbombardement auf den ›Negerclub‹ endet. In der Verwirrung sind Susanne und Odysseus weiter geflohen. Susanne führt Odysseus in eine Ruine. Auf einer Art Balkon lieben sie sich. Ezra kommt zerschunden bei Christopher an und möchte zurück nach Amerika. Die Situation scheint sich schon entspannt zu haben, als Washington und Carla aus dem Club kommen. Frau Behrend ruft spontan »Da ist er!«, was die Menge sofort auf den gesuchten farbigen Kindsmörder bezieht. Das Steinbombardement setzt wieder ein. Washington und Carla fallen ihm ebenso zum Opfer wie Heinz, der zu seiner Mutter laufen, und Richard Kirsch, der seinen schwarzen Landsleuten zur Seite stehen wollte.

Zwei Fahrzeuge der amerikanischen »Military Police« vor der Havanna Bar in München. Aufnahme aus dem Jahr 1960.

Emilia sitzt alleine zu Hause und langweilt sich. Der kleine Hund wird von den anderen Haustieren bereits als neuer Mitbewohner akzeptiert. Emilia entschließt sich, doch auf Messalinas Party zu gehen und im Trunk ihre öde Gegenwart zu vergessen. Das Fest ist trostlos.

Philipp und Kay bleiben nach Edwins Rede zusammen. Kay fand sie nur langweilig, während Philipp Edwins Scheitern schmerzlich mitempfindet. Als Philipp Kay aus dem Vortragssaal führt, bevor ihre Kolleginnen sie zu sich holen können, wächst in ihr die Erwartung, nun von einem deutschen Dichter verführt zu werden. Doch statt sie in eine romantische Wohnung zu bringen, nimmt Philipp sie schließlich mit auf sein tristes Hotelzimmer, weiß aber nichts mit ihr anzufangen. Kay empfindet Mitleid mit Philipp. Sie spürt seine Armut, legt die Perlenkette, die Emilia ihr geschenkt hat, aufs Hotelbett und geht. Kurz zuvor haben sie in der Nähe Edwin um Hilfe rufen hören. Er hatte sich auf die Suche nach einem Strichjungen gemacht und fiel den Burschen in die Hände, mit denen schon Heinz aneinandergeraten war.

Es ist Mitternacht geworden. In den Zeitungsredaktionen werden das Unheil und die Verbrechen des vergangenen Tags gesammelt. Die Schlusspassage, in der wieder nur die Stimme des Erzählers vernehmbar ist, wiederholt fast wörtlich die bedrohliche Situationsbeschreibung des Romananfangs. Die letzten Worte charakterisieren die Gegenwart als »Atempause auf einem verdammten Schlachtfeld«.

III Analyse und Deutung

1 Form

Wolfgang Koeppens Roman *Tauben im Gras* ist als Motto das titelgebende Zitat »Pigeons on the gras alas« der amerikanischen Dichterin Gertrude Stein (1874–1946) voran gestellt. Sie lebte im ersten Drittel des 20. Jahrhunderts in Paris und gehört zu den prägenden Gestalten der klassischen Moderne. Koeppen gibt ihren Worten eine existenzialistische Auslegung. Er nimmt das Bild der im Gras umhertrippelnden Tauben als Chiffre für das ziellose Durcheinanderlaufen der Menschen. In dieser Bedeutung wird das Bild im Roman zweimal benutzt: einmal zustimmend von der amerikanischen Lehrerin Mildred Burnett (vgl. S. 171 f.), einmal ablehnend von dem Dichter Mr. Edwin, der sich explizit auf Gertrude Stein bezieht und der fatalistischen Deutung ihrer Worte widerspricht (vgl. S. 214 f.). Dem Modell der ›Tauben im Gras‹ folgt die erzählerische Bewegung des Texts. In den 105 Sequenzen wechselt auf unregelmäßige Weise die Perspektive des Erzählens. Dabei wird die Figurenperspektive nicht einmal innerhalb der einzelnen Sequenz durchgehalten. In den Fällen, in denen mehrere Figuren, deren Wegen der Erzähler folgt, an einem Ort zusammenkommen, geschieht es nicht selten, dass der Blickwinkel von einer Figur auf die andere übergeht. Insofern dem Leser über die Handlungen hinaus auch häufig die Gedanken der Figuren zugänglich gemacht werden, zeigt sich die Erzählinstanz als nahezu allwissend.

Erzählerische Struktur

Alle der mehr als vierzig namentlich auftretenden Figuren kreuzen im Verlauf des einen geschilderten Tags die Wege etlicher anderer. Das geschieht zuweilen absichtlich, in den meisten Fällen jedoch zufällig. Einige der Figuren lernen sich im Verlauf des geschilderten Tags durch diese Begegnungen kennen und bilden sogar feste (wie Odysseus und Josef, später Odysseus und Susanne) oder zeitweise (Emilia und Kay, später Philipp und Kay) Paare. In vielen Fällen werden die Figuren jedoch vom Erzähler an denselben Ort geführt, ohne in Verbindung zueinander zu treten. Häufig nutzt Koeppen diese räumliche Begegnung, um die Erzählperspektive von einer Figur auf die andere übergehen zu lassen. Sehr schön ist das an den Sequenzen zu sehen, die das Zusammentreffen mehrerer Figuren an einer Straßenkreuzung schildern (vgl. S. 42–55).

Odysseus Cotton und Josef treffen als erste an der Kreuzung ein und müssen beim roten Licht der Fußgängerampel stehen bleiben (vgl. S. 42). Die Perspektive wechselt zu der gleichfalls wartenden Emilia, die in den Verkehrsstrom starrt. An dieser Stelle geht die Perspektive zu Mr. Edwin über (vgl. S. 43), der im Wagen des amerikanischen Konsulats über die Kreuzung gefahren wird. Der Wagen berührt beinahe einen schwankenden Radfahrer, was dem Erzähler Anlass bietet, zu dessen Perspektive zu wechseln (vgl. S. 45). Bei ihm handelt es sich um den Psychotherapeuten Dr. Behude, der über Emilia nachdenkt und, ohne sie zu registrieren, an ihr vorbeiradelt. Die Erzählbewegung geht allerdings nicht wieder zu Emilia über, sondern verbleibt im Zentrum der Kreuzung und wechselt in die Limousine von Washington Price (vgl. S. 46). Während er den Wagen über die Kreuzung lenkt, steigt seine schwangere Freundin Carla dort von einer Buslinie in eine andere um. Der Erzählvorgang nimmt nun ihre Perspektive ein (vgl. S. 47), bis der Reisebus der amerikanischen Lehrerinnen die Kreuzung passiert. Der Erzähler blendet ins Innere des Busses hinein (vgl. S. 50) und wechselt nach einigen allgemeinen Bemerkungen in die Perspektive von Kay hinüber, die den ihr unbekannten Odysseus an der Ampel warten sieht. Anschließend gleitet die Perspektive zu Kays älteren Kolleginnen Katherine Wescott und Mildred Burnett weiter. Nun springt die Fußgängerampel auf Grün und die Perspektive zu Messalina um (vgl. S. 53), die Emilia entdeckt hat und am Weitergehen hindert. Am Schluss kehrt die Erzählperspektive zu Odysseus und Josef zurück (S. 55), die ihren Weg bei Grün fortsetzen und die Kreuzung hinter sich lassen.

Kreuzung – Knotenpunkttechnik

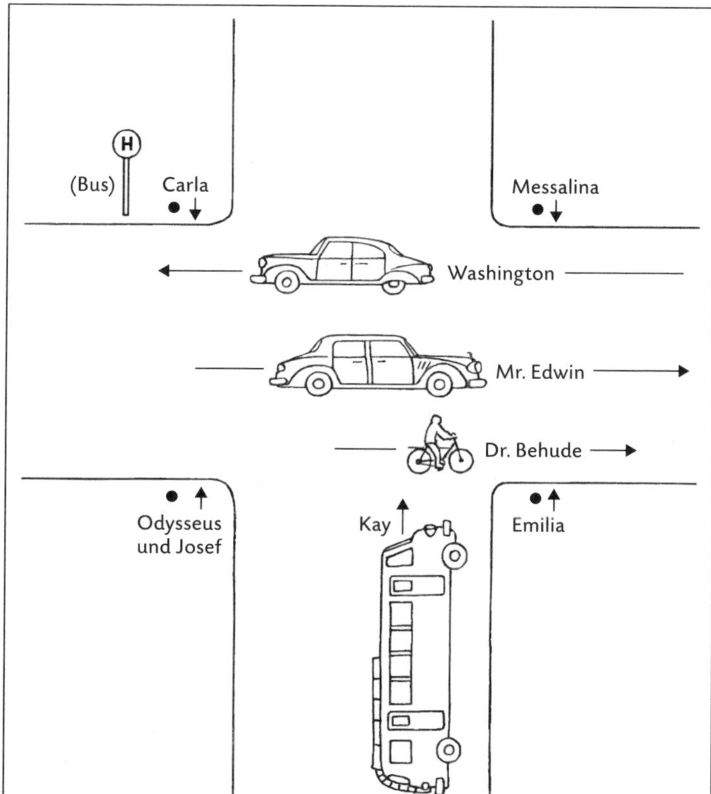

In erzähltechnischer Hinsicht ist diese Passage ein schönes Beispiel für die sogenannte Zeitdehnung. Das bedeutet, dass die erzählte Zeitspanne deutlich kürzer ist als die Zeit, die man zu ihrer Lektüre braucht, beziehungsweise als die Zeit, die der Autor zu ihrer Schilderung benötigt. In unserem Fall umfasst die erzählte Zeit nicht mehr als die Dauer einer Ampelphase; im Roman nimmt sie mehr als zehn Seiten ein. Eine solche Staffel von Perspektivwechseln, die durch die räumliche Zusammenführung der Figuren an einem Ort motiviert ist, nennt man Knotenpunkttechnik. Koeppen war dieses erzähltechnische Verfahren bereits seit den 1920er-Jahren durch die Lektüre des Romans *Manhattan Transfer* (1925) des amerikanischen Schriftstellers John Dos Passos bekannt. Er hat es in seinem eigenen erzählerischen Werk immer wieder angewandt. Bemerkenswert an der Gestaltung des vielfachen Perspektivwechsels in diesem Fall ist der Umstand, dass die am Anfang und Ende gewählte Perspektive identisch ist. Die Erzählbewegung zeigt hier eine Rondoform, die dem Roman *Tauben im Gras* auch insgesamt eigen ist.

Der Text setzt mit der Beschreibung einer Atmosphäre ein, die alles Folgende ins Zeichen der Bedrohung rückt:

> Flieger waren über der Stadt, unheilkündende Vögel. Der Lärm der Motoren war Donner, war Hagel, war Sturm. Sturm, Hagel und Donner, täglich und nächtlich, Anflug und Abflug, Übungen des Todes, ein hohles Getöse, ein Beben, ein Erinnern in den Ruinen. Noch waren die Bombenschächte der Flugzeuge leer. Die Auguren lächelten. Niemand blickte zum Himmel auf. [...] Das Neueste wärmte nicht. *Spannung, Konflikt*, man lebte im Spannungsfeld, östliche Welt, westliche Welt, man lebte an der Nahtstelle, vielleicht an der Bruchstelle, die Zeit war kostbar, sie war eine Atempause auf dem Schlachtfeld [...]. (S. 9 f.)

Diese Sätze kehren in leichter Variation und Umstellung am Schluss des Romans wieder:

> Die Nachrichten wärmen nicht. *Spannung, Konflikt, Verschärfung, Bedrohung.* Am Himmel summen die Flieger. Noch schweigen die Sirenen. Noch rostet ihr Blechmund. Die Luftschutzbunker wurden gesprengt; die Luftschutzbunker werden wieder hergerichtet. Der Tod treibt Manöverspiele. *Bedrohung, Verschärfung, Konflikt, Spannung.* [...] Der Traum ist schwer und unruhig. Deutschland lebt im Spannungsfeld, östliche Welt, westliche Welt, zerbrochene Welt, zwei Welthälften, einander feind und fremd, Deutschland lebt an der Nahtstelle, an der Bruchstelle, die Zeit ist kostbar, sie ist eine Spanne nur, eine karge Spanne, vertan, eine Sekunde zum Atem holen, Atempause auf einem verdammten Schlachtfeld. (S. 227 f.)

Zwei Formen der Steigerung lässt der Vergleich der beiden Passagen erkennen: Zum einen hat sich die Bedrohung intensiviert, zum anderen reicht sie durch den Sprung vom Präteritum ins Präsens in die Gegenwart des Lesers hinein.

Rhetorik, Syntax, Stil

Unter stilistischer Perspektive lassen sich an diesen Sätzen bereits ein paar für Koeppens Schreibweise typische rhetorische Techniken beobachten. Auffällig ist die Wiederholung der gleichen Wortreihen in umgekehrter Abfolge (einmal: Donner, Hagel, Sturm – Sturm, Hagel, Donner; einmal: Spannung, Konflikt, Verschärfung, Bedrohung – Bedrohung, Verschärfung, Konflikt, Spannung). Eine solche Technik nennt man Chiasmus (Kreuzstellung). Gleichzeitig besitzt der zweite, aus vier Worten bestehende Chiasmus die Gestalt eines Asyndetons. Von einem Asyndeton spricht man, wenn Worte, die syntaktisch identische Satzglieder sind, in einer unverbundenen, reihenden Weise aufgezählt werden. In diesem Fall handelt es sich um Substantive, die zur Kennzeichnung der gesellschaftlichen Situation wie Schlagworte eingesetzt werden. Auf der ersten Seite des Romans findet sich ein weiteres Beispiel für Koeppens oft extrem asyndetischen Stil: »Mit klammen Händen, mißmutig, fluchend, windgeschüttelt, regennaß, bierdumpf, tabakverbeizt, unausgeschlafen, alpgequält [...] empfingen die Händler die druckfrische Ware.«

Die typographische Hervorhebung mancher Worte (im Original durch Kapitälchen) könnte ein Indiz dafür sein, dass Koeppen sie tatsächlich als Schlagworte aus Überschriften von Zeitungsartikeln entnommen hat. Der Romantext ist ja von einem dichten Netz solcher Hervorhebungen durchzogen. In vielen Fällen lassen sie sich als zeitgenössische Nachrichtenmeldungen identifizieren, beispielsweise gleich auf der ersten Seite die Salve von Schlagzeilen, die bereits mit ihrer stakkatohaften Form dem Charakter der Mitteilungen zu entsprechen versucht: »*Krieg um Öl, Verschärfung im Konflikt, der Volkswille, das Öl den Eingeborenen, die Flotte ohne Öl, Anschlag auf die Pipeline, Truppen schützen Bohrtürme, Schah heiratet, Intrigen um den Pfauenthron, die Russen im Hintergrund, Flugzeugträger im Persischen Golf.*« Weitere typische Beispiele sind: »*Rentner wählte den Tod, Sowjets beißen auf Granit, Wieder ein Diplomat verschwunden, Deutsche Wehrverfassung kommt, Explosion ließ Hölle sehen*« (S. 169), was die Durchmischung von politischen und Sensationsmeldungen zeigt, oder eine einzelne Meldung wie *Demokratischer Gedanke in Deutschland gefestigt* (S. 130), die Koeppen an dieser Stelle aber in satirischer Absicht einsetzt, insofern sie der unmittelbar zuvor geschilderten Bewusstseinslage eines von Standesvorurteilen erfüllten Mädchens krass widerspricht. Häufig stammen die Formulierungen aus der Welt des Films. Ausdrücklich heißt es: »Schlagzeilen der Filmblätter: *Alexander spielt den Erzherzog, Der deutsche Superfilm, Der Erzherzog und die Fischerin*« (S. 12) oder »*Vampyr in Frauenkleidern*« (S. 189). Ebenso werden (teils in mehrfacher Wiederholung) die Musiktitel und die Nachrichten aus dem Kofferradio von Odysseus typographisch ausgezeichnet. Zuweilen haben die Hervorhebungen aber auch einen historischen Charakter. So heißt es zum Beispiel zu Beginn der Sightseeing-Tour der Lehrerinnen: »*Marshallplanhilfe auch für Deutschland*« (S. 50), um die erkennbaren Aufbauleistungen zu erklären. Als Washington, alleine in Carlas Zimmer, Fotos von ihr und ihrem im Krieg gefallenen Mann betrachtet, zitiert der Erzähler Parolen aus der NS-Zeit: »*Kinder Reichtum der Nation, Ehestandsdarlehen für junge Leute*« (S. 87); und im Zusammenhang mit dem von Emilia beim Leihhaus eingelieferten Fischbesteck heißt es: »*Volldampf voraus, Kaiserworte zur Jahrhundertwende.*« (S. 93)

Diese Einblendungen von vorgefundenem sprachlichen Material nennt man Montage-Technik. Sie ist ein ästhetisches Gestaltungsprinzip, das in der klassischen Moderne, also grob gesagt dem ersten Drittel des 20. Jahrhunderts, in die Literatur Eingang gefunden hat. Koeppen hat dieses Darstellungsmittel eigener Auskunft nach vor allem durch Alfred Döblins *Berlin Alexanderplatz* (1929), den prominentesten Montage-Roman der 1920er-Jahre, kennengelernt.

Wenn über die wichtigsten Anreger für Koeppens Schreibstil gesprochen wird, fällt als dritter Name neben John Dos Passos und Alfred Döblin auch der des Iren James Joyce. Koeppen hat in einem halben Dutzend Interviews nicht ohne Stolz erzählt, dass er 1927 zu den ersten Lesern der deutschen Übersetzung des *Ulysses* (1922) gehört habe. Wie der Titel bereits signalisiert, nimmt Joyce Bezug auf die homerische *Odyssee* und schickt seinen Helden Stephen Dedalus als ›Irrfahrer‹ durch das zeitgenössische Dublin. Dabei komprimiert er den zeitlichen Umfang der Handlung, die bei Homer zehn Jahre umfasst, auf einen einzigen Tag. So bezeugt *Tauben im Gras* bereits mit seiner zeitlichen Dauer von einem Tag den engen Anschluss an Joyce. Auch enthält Koeppens Roman eine Figur mit dem Namen Odysseus. Inwieweit der ihr gewidmete Erzählstrang auch formative Bedeutung für den Roman hat, soll später (vgl. S. 105–108 dieses Bands) diskutiert werden.

Unter erzähltechnischer Perspektive sind zwei Kapitel aus dem *Ulysses* von Joyce für Koeppens Roman besonders wichtig geworden:

Für die Gesamtanlage von *Tauben im Gras* mit seiner raschen Abfolge von wechselnden Figurenperspektiven und dem Verzicht auf eine Mittelpunktsgestalt kann das ›Wandering Rocks‹-Kapitel als Vorbild gedient haben. In dessen neunzehn Abschnitten werden ein oder mehrere Charaktere in den Blick genommen und insgesamt etwa dreißig Personen vorgestellt.

Die berühmteste Passage im *Ulysses* ist zweifellos der Innere Monolog der Molly, ein *stream of consciousness* (Bewusstseinsstrom), in dem der Versuch unternommen wird, den scheinbar unkontrollierten Gedankenfluss gleichsam zu protokollieren. Koeppen hat sich der Technik des Inneren Monologs in zwei kürzeren Abschnitten bedient, einmal in der Szene, in der Emilia onaniert (S. 32–35) und der Innere Monolog entsprechend sehr gut durch die Selbstbezüglichkeit der Handlung motiviert ist, zum anderen als Philipp bei seinem Psychotherapeuten ist und in idealtypischer Manier in sein Unterbewusstsein abtauchen und verschüttete Erinnerungen freilegen soll (S. 150–153). Es ist stilistisch konsequent, dass Koeppen an diesen Stellen den Strom der Gedanken als

München im Jahr 1947: Prielmayerstraße, Blick vom Münchner Hauptbahnhof Richtung Karlsplatz (Stachus).

unablässig fließende Bewegung auch in syntaktischer Hinsicht betont: Der assoziative Gedankenstrom von Philipps Innerem Monolog erstreckt sich über annähernd drei Seiten, ohne dass ein Punkt irgendwo eine Pause markierte. Im Übrigen gilt für beide Inneren Monologe, dass sie auch am Ende der jeweiligen Sequenz nicht durch einen Punkt geschlossen werden, sondern quasi ins Offene ausfasern. Überhaupt lässt Koeppen die einzelnen Sequenzen häufig mit einem Gedankenstrich enden; bei den Sequenzen, die zu der bereits erörterten Knotenpunktszene gehören, wendet er diese Technik mit einer Ausnahme sogar durchgehend an. Koeppen hatte ursprünglich, wie er in einem Interview mit dem *Spiegel* Ende 1952 sagte, die Absicht, den Roman »von Anfang bis Ende gleichsam aus einem einzigen Satz« bestehen zu lassen. Zwar hat ihn sein Verleger letztlich von dieser radikalen Methode abgehalten (vgl. S. 25 dieses Bands). Dennoch haben sich teils weit ausschwingende Satzperioden erhalten.

Koeppens extrem assoziativer Schreibstil führt syntaktisch zur Dominanz der Parataxe, das heißt seine Sätze sind nicht hierarchisch durch Haupt- und Nebensatz gegliedert, sondern eine Folge von Satzreihen, von syntaktisch gleichrangigen Satzelementen. Wo der Leser am Ende einer Sinneinheit einen Punkt erwartet, da drängt Koeppens Assoziationsstil über die möglichen Satzgrenzen hinaus, schleift sie zu einem Komma ab und erzeugt derart tendenziell unabschließbare ›Wurmsätze‹ mit parataktischer Struktur.

Allerdings ist zu beobachten, dass Koeppen auch gerne mit dem komplementären Extrem der Satzverknappung operiert. Ebenfalls in einer der ersten Sequenzen des Romans heißt es: »Hillegondas Eltern waren böse Menschen. Emmi sagte es. Man mußte für die Sünden der Eltern büßen. So begann der Tag. Sie gingen zur Kirche. [...] So früh war es noch. So kalt war es noch. So früh war Hillegonda schon auf dem Wege zu Gott.« (S. 13 f.) Hier ist das Fließende der Satzperioden durch ein hämmerndes, stakkatohaftes Sprechen ersetzt. Unter syntaktischer Perspektive hat die Reihung isolierter Hauptsätze den erläuterten parataktischen Effekt.

Eine von Koeppen häufig benutzte rhetorische Technik ist die Anapher. So nennt man aufeinanderfolgende Sätze oder syntaktische Einheiten, die mit demselben Wort beginnen. Ein Beispiel dafür sind die drei mit ›So‹ beginnenden Sätze am Ende des obigen Zitats. Eine auffälligere Anapher findet sich, als Richard Kirsch über das Lied ›Die Wacht am Rhein‹ nachdenkt, mit dem seine Vorfahren aufgewachsen sind: »Wacht des Vaters, Wacht des Großvaters, Wacht des Urgroßvaters, Wacht am Rhein, Wacht von Brüdern, Wacht von Vettern, Wacht am Rhein« (S. 39).

Auch die der Anapher korrespondierende rhetorische Technik, Sätze oder syntaktische Einheiten mit demselben Wort enden zu lassen, setzt Koeppen gerne ein: »Carla war verloren,

[...] sie war für die Mutter verloren, für die wohlanständigen Kreise der Mutter verloren, für alle Herkunft und Sitte verloren« (S. 113). Der Fachbegriff für dieses rhetorische Verfahren lautet Epipher.

Metaphern und Symbole

Koeppens Roman ist reich an bildsprachlichen Elementen, vor allem an Metaphern und Symbolen. Koeppen setzt seine Metaphern und Symbole auch in der erzähltechnischen Funktion der Leitmotivik ein, das heißt er greift immer wieder die gleiche oder eine ähnliche Bildlichkeit auf, um verschiedene Figuren, Szenen oder Zusammenhänge zu verknüpfen.

Eins der am häufigsten als Bildspender benutzten Symbole in *Tauben im Gras* ist das Kreuz. Aus ihm stammt das Ritterkreuz (etwa als Ordensschmuck des Erzherzogdarstellers Alexander, vgl. S. 10), das Hakenkreuz (etwa auf der Photographie von Carla Behrends Mann, vgl. S. 86), die kriegerische Mission des Kreuzritters (etwa im Kontext der Selbstdeutung von Richard Kirsch, vgl. S. 39), das Kreuz Christi (etwa bei der Aufbahrung von Josef, vgl. S. 183), das Rote Kreuz (für das Dr. Behude Blut spendet, vgl. S. 24 f.), das der Kreuzform nachempfundene Glückskleeblatt (gegenüber von Philipps Hotelfenster, vgl. S. 15) und vor allem die Verkehrskreuzung (besonders S. 42–55). Das Kreuz als Form bildet somit den Schnittpunkt einer Vielzahl unabhängig voneinander existierender Metaphern und Symbole. Auf der ästhetischen Ebene stiftet es einen leitmotivischen Zusammenhang, dem aber keine übergeordnete synthetisierende (eine höhere Einheit stiftende) Sinnsetzung entspricht. Koeppen reagiert mit dieser Funktionalisierung der Bildsprache auf den von ihm diagnostizierten Verlust einer übergeordneten metaphysischen Einheit der Gesellschaft. Zugleich will er aber nicht auf die Herstellung einer komplexen ästhetischen Struktur verzichten.

Die Metaphernnetze verknüpfen die einzelnen Metaphern miteinander und integrieren sie in das Textganze. Über diesen Zusammenhang hinaus werden die Metaphern in den einzelnen Textabschnitten funktionalisiert. Dies kann so weit gehen, daß einzelne Elemente solcher Metaphernnetze in ihren Ausprägungen einander widersprechen. [...] Auf diese Weise entsteht ein Zusammenhang, der nicht durch Sinnstiftung gegeben ist, der keinen klassischen Ordnungszusammenhang darstellt, sondern eine formale Verknüpfung, die auf den Zerfall verweist. Zusammenhang und Dissoziation sind in ihr gleichermaßen repräsentiert.

Hans-Edwin Friedrich, »Kreuzritter an Kreuzungen« (in: Egyptien 2009, S. 67 f.)

Zu den auffälligen Metaphern in *Tauben im Gras* zählen auch die zahlreichen Tiermetaphern, die in Verbindung mit der physiognomischen Beschreibung von Menschen gebraucht werden. Sie sind größtenteils wenig schmeichelhaft. So heißt es von den Schleppern, die Odysseus illegale Geschäfte oder Mädchen anbieten: »käsige Gesichter, hungrige Gesichter, Gesichter, die Gott vergessen hatte, Ratten, Haifische, Hyänen, Lurche, kaum noch mit Menschenhaut getarnt« (S. 41); oder von Frau Behrend, sie sei »fischgesichtig, flunderhäuptig, kalt fischig abweisend« (S. 114). Der Dienstmann Josef hat »das Gesicht einer verfolgten Ratte« (S. 14), der Antiquitätenhändler Unverlacht erscheint als »ein Frosch, ein hinterhältiger plumper Frosch, der in seinem Gewölbe auf Fliegen wartete« (S. 94), und seine Frau als »fettkrustige böse Kröte« (S. 95). Selbst der durchgeistigte und kultivierte Mr. Edwin wird zweimal mit einem ›alten Geier‹ (vgl. S. 44 und 147) verglichen. Es wäre abwegig, in diese Tiermetaphern eine denunziatorische Absicht Koeppens hineinzulesen. Sie erfüllen vielmehr die Funktion, durch bildliche Überzeichnung die prägenden Wesensmerkmale eines Menschen herauszuarbeiten, wobei sich charakterliche Dispositionen mit der Spur, die geschichtliche Erfahrung in den Gesichtern des Menschen hinterlässt, vermischen.

Erzähltechnik und Erzählerfigur

Wenn man die erzählerische Darbietungsform des Texts charakterisieren möchte, ist seine polyperspektivische Technik sicher das auffallendste Element. Damit ist der häufig wechselnde Übergang von einer Figurenperspektive zur anderen gemeint. In der avancierten Erzähltheorie des französischen Strukturalisten Gerard Genette nennt man dieses Verfahren multiple Fokalisierung. Mittels dieser Erzählmethode gelingt es Koeppen, ein Kaleidoskop sozialer und mentaler Momentaufnahmen zu entwerfen. Insofern die gewählte Perspektive auch die jeweiligen Gedanken der Figur – in Einzelfällen, wie gesehen, auch in Form des Inneren Monologs – einschließt, erhält der Leser einen präzisen Einblick in die Bewusstseinslage, in die Handlungsmotive und in das Selbstbild der Person. Die von Koeppen bevorzugte Technik, den Leser an der Wahrnehmung der Figur teilnehmen zu lassen, ist die Erlebte Rede. Sie ist die indirekte Wiedergabe der Gedanken einer Figur im Indikativ. Die Erlebte Rede steht in ihrer Wirkung auf den Leser in der Mitte zwischen einer Betrachtung der Figur von außen und einer Teilhabe an ihrer Binnenperspektive.

Es ist in der Forschung zu *Tauben im Gras* früh bemerkt worden, dass in nicht unerheblichem Maß auch Erzählerkommentare in die Figurenperspektiven integriert sind. Die Übergänge von der einen Perspektive zur anderen sind gleitend und nicht markiert. Gleich zu Beginn liest man in der ersten Sequenz über den Schauspieler Alexander:

> Der Garderobier fummelte zu seinen Füßen. Er legte dem Erzherzog die Sporen an. Was war der Garderobier vor den blankgewichsten Schaftstiefeln des Erzherzogs? Eine Ameise, eine Ameise im Staub. Das elektrische Licht in der Umkleidekabine, diesem Holzverschlag, den man Alexander anzubieten wagte, kämpfte mit der Morgendämmerung. Was war es wieder für ein Morgen! Alexanders Gesicht war käsig unter der Schminke; es war ein Gesicht wie geronnene Milch. (S. 11)

Der Ausruf »Was war es wieder für ein Morgen!« fungiert als Scharnier zwischen der Figurenperspektive von Alexander und dem Kommentar des Erzählers. Es ist ebenso gut möglich, ihn als noch zu Alexanders Gedankenbewegung angehörig wie als Wortergreifung der Erzählerstimme zu verstehen.

Bei anderen Gelegenheiten löst sich der Erzählerkommentar vom situativen Kontext der Figur ab und entwirft ein Porträt der Bewusstseinslage seiner Figur. Dafür ist der kurze Auftritt des namenlos bleibenden Mädchens beispielhaft, das mit Richard Kirsch spricht, als dieser Frau Behrend besuchen möchte, aber nur die Tochter der Hausbesorgerin antrifft. Der Erzähler nimmt dies zum Anlass, die kleinbürgerlichen, völlig unrealistischen Vorstellungen dieses Mädchens, das »in einer Welt entsetzlicher Standesvorurteile« (S. 130) lebt, zu entlarven. An anderer Stelle nutzt der Erzähler den Rückblick auf die Biographie von Josef dazu, eigene Spekulationen über den Gang der Geschichte einfließen zu lassen (vgl. S. 83 f.). In einer vergleichsweise späten Sequenz zu Messalina nimmt der Erzähler auf ein Kommunionsbild von ihr Bezug, um von diesem Ansatzpunkt aus ein psychologisches Porträt zu entwickeln, das ihr einschüchterndes Auftreten als Maskierung der eigenen tief verwurzelten Schüchternheit deutet (vgl. S. 161).

Titelseite der seinerzeit in München erscheinenden »Illustrierten Film-Bühne« (Nr. 1804) mit dem Spielfilm »Im Weißen Rössl« (Deutschland 1952, Regie: Willi Forst). Szene mit Rudolf Förster als österreichischem Kaiser Franz Joseph, Johanna Matz und Joseph Müller.

Schließlich gibt es noch eine Reihe von Erzählerkommentaren, in denen sachliche Informationen geliefert werden, die eher die Rahmenbedingungen der Handlung betreffen. Dazu gehören die Ausführungen über das Ende der Zuzugssperre (vgl. S. 23 f.) oder über die »Nation von Autofahrern« (S. 74 f.). In der jüngeren Forschung ist die These vertreten worden, Koeppen operiere mit einem allwissenden Erzähler und falle damit hinter eine Position der literarischen Moderne zurück, die selbstkritisch die eigene erzählerische Machtvollkommenheit unterlaufe beziehungsweise zurücknehme. Es ist demgegenüber darauf hinzuweisen, dass der Erzähler in Koeppens *Tauben im Gras* zumindest über keine durchgängige Allwissenheit verfügt. Das wird in der Sequenz deutlich, in der Ezra Heinz mit ›Sie‹ anspricht und der Erzähler kommentiert: »Aus sprachlicher Unsicherheit fand er es angebracht, Sie statt du zu sagen. Heinz empfing das Sie als neuen Beweis des Hochmuts dieses fremden Jungen, [...] es war eine Zurückweisung, ein In-Distanz-Halten (vielleicht, vielleicht war das Sie wirklich als Schranke gedacht, Schutzwehr für Ezra, und nicht sprachliche Verwirrung)« (S. 79). Hier wird in der Klammer, die als Reflexion des Erzählers gekennzeichnet ist, die Allwissenheit der Erzählinstanz eindeutig dementiert.

2 Figuren

Philipp

Wenn man sagt, Philipp ist ein etwa 40-jähriger Schriftsteller, sagt man womöglich etwas Falsches. Zumindest bedürfte diese Formulierung einer Präzisierung, denn wir lernen Philipp im Roman nicht als Schreibenden kennen – und das hat seinen Grund nicht darin, dass die zeitliche Erstreckung des Erzählten weniger als einen Tag umfasst und auch der produktivste Autor mal einen Tag lang nichts produziert. Bei Philipp liegt der Fall anders. Er leidet offensichtlich unter einer ausgeprägten Schreibhemmung, deren Ursachen teils durch seinen Charakter, teils durch seine Biographie bedingt sind. Wir erfahren, dass Philipp kurz nach Beginn des Dritten Reichs als Schriftsteller debütiert hat, sein erstes Buch aber »im Lautsprecherbrüllen und im Waffenlärm untergegangen« und »seine Stimme« seither »wie erstickt« ist (S. 104). Philipp, heißt es an anderer Stelle lapidar, »kam mit der Zeit nicht zurecht« (S. 20). Er empfindet eine existenzielle Unzugehörigkeit, fühlt sich vom Strom der Zeit ausgestoßen und auf einen Beobachterposten »außerhalb dieses Ablaufs der Zeit« gerufen (S. 21). Diesem Beobachterposten, der klassischen Funktion des Schriftstellers, ist Philipp indes nicht gewachsen. Statt als Zeuge der Zeit von einem gleichsam archimedischen Punkt aus ihre Bewegung zu überblicken und zu deuten, nimmt er nur ein Schwindel erzeugendes Wogen des Zeitstroms wahr;

und wo einmal die Bewegung Form gewinnt, da erhebt sich aus dem Wasser »ein gefrorenes, nichtssagendes, dem Gelächter schon überantwortetes Bild« (S. 22). Philipps Erkennen der Wirklichkeit wird von der gleichzeitigen Einsicht in die Lächerlichkeit seines Erkennens wie in die Lächerlichkeit des Erkannten aufgezehrt. Philipp hat keinen festen Halt, er verfügt über keinen Standpunkt, von dem aus er ein ihn selbst überzeugendes Urteil abgeben kann. Er »hätte mit jedem Schritt und mehr als tausendmal am Tag seine Meinung zu den Verhältnissen in der Welt ändern können« (S. 169).

Was er indessen nicht vermag, ist, an der Veränderung der Verhältnisse mitzuwirken. Philipp reflektiert über sein Verhalten während des Nationalsozialismus selbstkritisch:

> [I]ch drückte mich durch die Diktatur, ich haßte aber leise, ich haßte aber in meiner Kammer, ich flüsterte aber mit Gleichgesinnten, Burckhardt sagte mit Leuten seiner Art sei kein Staat zu machen, sympathisch, aber mit Leuten dieser Art ist auch kein Staat zu stürzen [...]. (S. 152)

Obwohl Philipp durchaus stolz darauf ist, »leidlich immun gegen Verführungen« (S. 170) zu sein und sich nicht vor irgendeinen Karren spannen zu lassen, sucht er doch nach Orientierung. Das ist auch sein wesentliches Motiv, in den Vortrag von Mr. Edwin zu gehen. Aber alle Brillanz der Ausführungen von Edwin kann in Philipps Wahrnehmung deren innere Hohlheit nicht verbergen. Zudem trägt die Verwendung des Lautsprechers nach Philipps Meinung zur Untergrabung von Edwins Botschaft bei. Die »Lautsprechersprache« erscheint ihm als ein »Weltidiom«, das sich gegen den von ihr transportierten Inhalt richtet. »Immer wenn Philipp einen Vortrag hörte, mußte er an Chaplin denken. Jeder Redner erinnerte ihn an Chaplin. Im ernstesten und traurigsten Vortrag mußte Philipp über Chaplin lachen.« (S. 209) Philipps Unfähigkeit, irgendetwas ernst zu nehmen, schließt die eigene Person mit ein. Bei seinen Versuchen, einer berufsähnlichen Tätigkeit nachzugehen, sei es als Journalist oder sei es als Vertreter für Klebstoff, tritt er gewissermaßen neben sich und kann sein Tun nicht anders als »komisch« empfinden (S. 58). Philipp schämt sich seiner Existenz. Er hat das »Zauberwort«, mit dem er seiner Bestimmung als Schriftsteller gerecht werden könnte, vergessen, er betrachtet sich als unfähig, »feige« und »überflüssig« (S. 57). Obwohl ein Sonderling, ein Unzugehöriger, unterscheidet er sich in dieser Hinsicht nicht wesentlich von den normalen, ›durchschnittlichen‹ Menschen. Als er dem Ladeninhaber des Schreibmaschinengeschäfts gegenübersteht, denkt er:

> ›[…] überflüssig und komisch bin ich, und ich finde mich überflüssig und komisch, aber ich sehe die andern, etwa diesen Geschäftsmann, der sich einbildet, er könne mir was verkaufen, während ich mich nicht traue, ihm einen Kleister anzudrehen, ich finde ihn nicht weniger überflüssig und komisch als mich!‹ (S. 58)

Da Philipp bei dem Versuch, eine Tätigkeit zu finden, die ihn materiell selbstständig macht, sich mit dieser Haltung selbst im Weg steht, leidet er zunehmend unter der Abhängigkeit von seiner Frau Emilia. Er empfindet ihr gegenüber eine tiefe Schuld, fühlt sich jedoch zugleich von ihrer Verzweiflung überfordert. Philipp ist selbst zu wenig gefestigt, um ihr Halt bieten zu können.

In dieser Situation bedeutet die Begegnung mit der jungen Amerikanerin Kay für Philipp eine unverhoffte Erweiterung seines Lebenshorizonts. Dabei hat der Reiz, den Kay auf Philipp ausübt, weniger erotische als mentale Gründe. Als er mit ihr in die Nacht aufbricht und darüber nachdenkt, ob er mit ihr schlafen will, denkt er: »[I]ch will garnicht sie, ich will das andere Land, ich will die Weite, ich will die Ferne, einen anderen Horizont, ich will die Jugend, das junge Land, ich will das Unbeschwerte […]« (S. 222). Kay wirkt auch anziehend auf Philipp, weil sie ihn an die Jugendfreundin Eva erinnert (vgl. S. 101).

Es ist vielleicht nicht nur Philipps Schüchternheit, die ihn daran hindert, die sich ihm mit Kay bietende Chance in letzter Konsequenz zu nutzen. Es sind wohl auch seine gewissermaßen alteuropäische Verwurzelung, sein Verhaftetsein in Melancholie und Intellektualität, die ihn von Kay wesensmäßig trennen. Philipp, könnte man entsprechend sagen, lebt zu sehr in der Vergangenheit, um für eine Zukunft offen zu sein. Auf der Couch seines Psychoanalytikers Dr. Behude fährt er in Gedanken »in sein Kinderland, er reiste der Kälte, dem Frieden, dem Schnee entgegen« (S. 144). Der Schnee ist für Philipp gleichbedeutend mit Frieden. Bündig heißt es: »Philipp liebte den Winter.« (S. 144) Er verweigert sich der therapeutischen Aufforderung von Dr. Behude, sich einen schönen Sommertag und eine Wiese vorzustellen. Er macht sich nichts aus Sommertagen und hasst Wiesen, weil ihn die lebendige Natur beunruhigt. Er denkt vielmehr: »›[…] es gibt nichts Böseres als die Natur, nur der Schnee ist schön, der leise der freundliche der sanft fallende Schnee‹« (S. 146). Aus diesen Gedanken spricht seine Angst vor dem Leben und seine Neigung zum Tod. Es ist die typische Haltung des Ästheten (des ganz auf Schönheit und Kunst fixierten Menschen), den die unbeherrschbare Bewegung des Lebens abschreckt und dessen Ideal die in sich ruhende Form ist. (Des Schriftstellers Philipp Liebe zum Schnee in *Tauben im Gras* entspricht des Komponisten Siegfried Liebe zur Wüste in Koeppens 1954 erschienenem Roman *Tod in Rom*.)

Emilia

Emilia ist Philipps junge Frau. Sie stammt aus einer ehemals vermögenden Familie, die jedoch, teils aus eigener Schuld, verarmt ist. Sie lebt in ihrer mit altem Prunk vollgestopften Kommerzienratsvilla wie in einem Bunker. Ohne Beruf und ohne Lebensperspektive erschöpft sich Emilias Aktivität in Gängen zu Antiquitätenhändlern und dem Pfandbüro, um an Geld für den Alltag zu kommen. Messalina nennt sie einmal treffend »Lumpenprinzessin« (S. 54). Da Emilia mit ihrer Situation nicht gut zurechtkommt und auch Philipp ihr die Sicherheit, die sie vermisst, nicht geben kann, sucht sie immer wieder im Alkohol Zuflucht. Ihre Realitätsverweigerung findet auch darin ihren Ausdruck, dass sie sich in einer »künstlich verlängerten Nacht« einrichtet. Als Emilia vom Erzähler vorgestellt wird, liegt sie nach durchzechter Nacht als ›junge Tote‹ »wie in einem Grab« (S. 30). Durch den ganzen Text hindurch wird sie in ein dichtes Netz von Todesmetaphern eingesponnen. Die Atmosphäre des Hauses resümierend heißt es gegen Ende: »Das Haus war ein Grab [...]. In einem dunklen Rahmen hing ein Stich des Piranesi, das Gemäuer des alten Aquäduktes in Rom, eine Mahnung an Untergang und Verfall. Nur Moder umgab Emilia, Stücke der Kommerzienratserbschaft, tote Bücher, toter Geist, tote Kunst.« (S. 219)

Emilia gleicht einer lebendig Toten. Es ist signifikant, dass ihre Schönheit nur im künstlichen Licht sichtbar wird, während sie vom Tageslicht gleichsam in eine Leiche verwandelt wird. Als sie sich erhebt, heißt es (S. 31):

> Sie knipste die Bettlampe an, sprang auf, rannte nackt durch das Zimmer, drehte den Schalter für das Deckenlicht, [...] Licht, das sich in Spiegeln wiederholte, vervielfachte und von Lichtschirmen gefärbt, gelb und rötlich, wie gelbe und rötliche Schatten auf die Haut der Frau fiel

[…]. Sie lief in Philipps Zimmer, und das natürliche Licht des trüben Tages, das hier durch das unverhüllte Fenster drang, ließ ihre hübsche Gestalt plötzlich erbleichen.

In Philipps Innerem Monolog auf der Patientencouch von Dr. Behude wird Emilia zweimal ins Zeichen der Ophelia-Figur gerückt. Seit Shakespeares *Hamlet*, wo Ophelia als Ertrunkene endet, hat sich in der Literatur die Tradition herausgebildet, jung verstorbene Frauen nach dem Modell Ophelias zu gestalten. Philipp assoziiert an dieser Stelle (vgl. S. 152) die für diese Traditionsbildung wichtige Zeile *o pâle Ophélia belle comme la neige* (O bleiche Ophelia, schön wie der Schnee) aus Arthur Rimbauds Gedicht *Ophélie*.

Mit der Identifikation Emilias als Ophelia erschließt sich das ganze Metaphernnetz des Aquatischen und Submarinen. So bezieht sich die Formulierung »Wasser sammelte sich in ihren Haaren« (S. 36) nicht allein auf den Schweiß, sondern verweist darüber hinaus auf das Bild der im Wasser schwimmenden Leiche Ophelias, mit deren langem Haar die Wellen spielen. Ihr Gang ins Leihhaus wird als Eintritt in die »Halbwelt des Styx« (S. 92) beschrieben, also in die Zone des unterweltlichen Flusses in der griechischen Mythologie, über den die Toten in den Hades gebracht werden. In der Marmorhalle des Städtischen Leihamts fühlt Emilia sich wie in »einem Schwimmbassin«, einem »Teich der Versunkenen« (S. 92). Nicht anders erscheint der Abstieg in den Antiquitätenladen des einem plumpen Frosch gleichenden Unverlacht als »Eingang zur Unterwelt« (S. 93), wo Alabasterschein dem »Gewölbe den echten Hadesschimmer« (S. 94) verleiht. In Emilia keimt in diesem unterweltlichen Milieu kurz der Gedanke auf, auf ähnliche Weise wie Unverlacht in einem »träge[n] Tümpelleben« (S. 97) ihr Heil zu suchen, doch würde ihr selbst der Weg dorthin schon zu viel Energie abverlangen.

Zu einem Ausbruch aus ihrer Lethargie ist sie nur momentweise fähig. Als sie Kay einem spontanen Impuls folgend die Perlenkette um den Hals hängt, die der Antiquitätenhändler zu erwerben ablehnt, durchströmt sie »die herrliche Empfindung zu rebellieren«. Kay den Schmuck zu schenken, gleicht einer Tat, »die von keinem Zwang und keiner Notwendigkeit bestimmt und mit keiner Absicht verbunden war, außer der Absicht, frei zu sein« (S. 160). Emilias Tat ist in geradezu idealtypischer Weise ein existenzialistischer *acte gratuit*, ein Akt der freien Entscheidung, mit dem sich das Subjekt selbst verwirklicht. Zugleich ist Emilia klar, dass das beglückende Gefühl, mit dem spontanen Akt das eigene Frei-Sein verwirklicht zu haben, nicht von Dauer sein wird. »Sie war frei. Ein unerhörtes Gefühl von Glück durchströmte Emilia. Sie war frei. Das Glück würde nicht währen. Aber für den Augenblick war sie frei.« (S. 160) Als Kay mit einer komplementären Geste reagiert, lässt sich Emilia dazu verführen, dem Glück dennoch Dauer verleihen zu wollen, und geht mit ihr zusammen in die Hotelbar. Dort muss sie erleben, dass Kay sich Edwin anschließt, um zu seinem Vortrag zu gehen. Emilia nimmt Kays spontanes Gegengeschenk daraufhin nicht mit. Der »komische Hut«, der sie in eine Art Eulenspiegel-Gestalt, das heißt in eine Verkörperung von Autonomie verwandelt hatte, »lag neben den leeren Gläsern [...] wie eine erlittene Enttäuschung« (S. 177). Emilia ertränkt ihre Enttäuschung in einem Stehausschank. Sie weiß, dass Philipp den Fehler, den sie begangen hat, sofort erkennen und sagen würde: »[...] ›Du hättest ihr den Schmuck umhängen und dann weglaufen müssen.‹ « (S. 180 f.) Das dem Akt der Entscheidung entspringende Gefühl beglückender Freiheit sperrt sich gegen seine Verstetigung, es ist nur durch neue freie Entscheidungen wieder erlebbar. Am Ende des Tages fällt Emilia in die alte Verzweiflung zurück und nimmt erneut Zuflucht im Trunk.

Washington Price und Carla Behrend

Washington Price ist ein farbiger Sergeant der US-Army. Als Angehöriger der Transporttruppe hat er Carla Behrend, eine 30-jährige Kriegerwitwe, die für die US-Army als Sekretärin arbeitet, kennengelernt und sich in sie verliebt. Nach einigem Zögern lässt sie sich auf die Beziehung ein und ist bereit, ihn zu heiraten. Sie wird schwanger und will abtreiben. Washington glaubt, ihr eine für sie materiell attraktive Zukunft in den Staaten bieten und sie dazu bewegen zu können, das Kind auszutragen. Beim Telefonat mit seinen Eltern in einem Schwarzen-Viertel von Baton Rouge (Louisiana) wird ihm jedoch klar, dass ein gemeinsames Leben dort für Carla nicht zumutbar ist. Washington hat gegen Deutschland und damit gegen die Schilder *Für Juden verboten* gekämpft, er weiß aber, dass sich in Amerika, »ob plakatiert oder nicht« (S. 63), die Denkweise *Für Schwarze verboten* vielfach behauptet hat und dass in Baton Rouge auf jedem Gesicht zu lesen sein wird: *Weiße unerwünscht* (vgl. S. 62).

In dieser Situation entsteht seine Utopie von »Washington's Inn«, einem gastfreundlichen Haus unter dem Motto *Niemand ist unerwünscht* (S. 63). Washington erscheint als Vertreter des aufklärerischen Denkens. Er glaubt an die Ideale von Toleranz und Autonomie, an menschliche Lernfähigkeit und geschichtlichen Fortschritt. Dabei ist er keineswegs naiv. Er weiß: »Die Erde war kein Himmel. Die Erde war bestimmt kein Negerhimmel.« (S. 88) Aber er mobilisiert gegen diese Erkenntnis sogleich den Mut und die Zuversicht, gemeinsam mit Carla eine selbstbestimmte Zukunft schaffen zu können. Diese Haltung lässt ihn auch erfolgreich bei Carlas Arzt gegen die geplante Abtreibung intervenieren. Carla will das Kind nicht, weil es nicht zu ihrem kleinbürgerlichen Traum »der mechanischen Küchen, der Fernsehapparate und der Wohnung im Hollywoodstil« (S. 126) passt. Sie bereut sogar, sich mit

Washington statt mit einem weißen Amerikaner liiert zu haben, denn sie ist überzeugt: »Washington war ein guter Kerl, aber er saß leider im falschen Zug. [...] Alle Neger saßen im falschen Zug.« (S. 127) Der Status gesellschaftlicher Benachteiligung für die Angehörigen von Minoritäten erscheint in *Tauben im Gras* letztlich unaufhebbar, weil die von Ressentiments erfüllten Einstellungen über größere Beharrungskräfte verfügen als das aufklärerische Argument der Gleichwertigkeit. Zwar gelingt es im Einzelfall, diese kleinbürgerliche Prägung zu überwinden. Als Carla gegen Washington tobt, weil er die Abtreibung verhindert hat, widersteht er der Versuchung zu verzweifeln und besiegt mit seinem ›Glauben an den Menschen‹ ihren Wutausbruch, der nichts weiter ist als die Kapitulation vor den bestehenden Verhältnissen.

> Gegen seine Brust schlugen Teller und Tassen, zu seinen Füßen lagen die Scherben: die Scherben des Glücks? Er dachte ›ich kann gehen, wenn ich meine Mütze nehme und gehe wird das alles hinter mir liegen, vielleicht werde ich es vergessen, es wird garnicht gewesen sein‹. Carla schrie [...] ›Meinst, ich will deinen Bankert haben? [...] Ich pfeif auf dein Amerika. Auf dein dreckiges schwarzes Amerika.‹ [...] Was hielt ihn zurück? [...] Vielleicht war es Überzeugung, vielleicht Glaube an den Menschen. Washington hörte, was Carla schrie, aber er glaubte ihr nicht. Er wollte das Band, das nun zu reißen drohte, das Band zwischen Weiß und Schwarz, nicht lösen [...]. Washington nahm Carla in seine Arme. (S. 165 f.)

Ähnlich wie beim Baseballspiel, wo Washington ebenfalls am Rande einer Niederlage stand, gelingt es ihm auch in dieser Situation, durch die Mobilisierung aller Kräfte letztlich den Sieg zu erringen. Dass Washingtons Liebe dieser extremen

Boxkampf im Münchner Prinzregentenstadion am 9. Juni 1951: Der US-Amerikaner Jimmy King siegt über den aus Bremen stammenden Boxer Franz Szüzina.

Belastungsprobe standhält, erfüllt Carla mit neuem Vertrauen. Sie macht sich seine Utopie von ›Washington's Inn‹ zu eigen, die sie beide in Paris verwirklichen möchten.

Washington und Carla begeben sich in den ›Negerclub‹, »um die Zukunft zu feiern, die Zukunft, in der niemand mehr unerwünscht ist« (S. 202). Dort treffen sie auf Carlas Vater und dessen tschechische Freundin Vlasta. Auch in deren Fall hat die Liebe die Kluft zwischen ehemals verfeindeten Nationen überbrückt. Carla sagt ihrem Vater, dass sie die Absicht hätten, nach Paris zu gehen. Dieser Plan wird jedoch schon wenige Augenblicke später zunichtegemacht, denn Washington und Carla werden zu Opfern des Angriffs durch den Bräuhaus-Mob: »Die Steine flogen gegen die horizontblaue Limousine. Sie trafen Carla und Washington, [...] sie trafen den Traum von Paris, den Traum von Washington's Inn, den Traum *Niemand ist unerwünscht*« (S. 218).

Odysseus Cotton, Josef und Susanne

Die Bedeutung des Nachnamens ›Cotton‹ (Baumwolle) spielt auf die soziale Existenz der Farbigen als Baumwollpflücker in den amerikanischen Südstaaten an und macht Odysseus zu einem Repräsentanten der Nachkommen der aus Afrika eingeschleppten Sklaven. Im Gegensatz zu seinem Namensgeber aus der *Odyssee* des Homer ist Koeppens Odysseus kein rhetorisch versierter Vielredner, sondern spricht im ganzen Text nur zwölf Worte (davon fünfmal ›Beer‹). Seine Stärke liegt ganz im körperlichen Bereich. Koeppen lässt ihn als ein Naturwesen erscheinen. Dabei verfügt er durchaus über die Fähigkeit zur List, die die hervorstechendste Eigenschaft des homerischen Odysseus war. Die List von Koeppens Odysseus beruht aber nicht auf Intellektualität, sondern auf scharfer Beobachtung und instinktsicherem Verhalten. Von seiner Gedankenwelt erfahren wir – im Vergleich zu den anderen Figuren – auffällig wenig. Nur in der Szene der Turmbesteigung, die Odysseus dazu dient, sich einen Überblick über die Stadt zu verschaffen, erhält man einen Einblick in seine Gedankengänge. Zwar hinterlässt Odysseus auf einer Steinplastik seinen Namenszug, wie es die (schlechte) Angewohnheit eines typischen Touristen ist, aber sein Motiv, den Dom zu ersteigen, ist kein touristisches. Er genießt von dort oben den Blick des Eroberers auf »eine Hauptstadt der weißen Leute [...], aus der sie gekommen waren und dann Orte wie New York gegründet hatten« (S. 115).

Auch wenn Odysseus als eine fast sprachlose Figur gezeigt wird, verfügt er gewissermaßen über ein Äquivalent zur Beredsamkeit des Odysseus. Die Textsequenz, in der er die Bühne der Romanhandlung betritt, beginnt so:

> Odysseus Cotton verließ den Bahnhof. Am schlenkernden Arm, in der braunen Hand baumelte ein Köfferchen. Odys-

> seus Cotton war nicht allein. Eine Stimme begleitete ihn. Aus dem Koffer kam die Stimme, sanft, warm, weich, eine tiefe Stimme, [...] Stimme einer Negerin. Die Stimme sang Night-and-day, sie schirmte mit ihrem Klang den Kofferträger gegen den Platz vor dem Bahnhof, umschlang ihn wie Glieder der Liebenden, wärmte ihn in der Fremde, zeltete ihn ein. (S. 26)

Auf seinem ganzen weiteren Weg durch die Stadt begleiten ihn wechselnde Gesangsstimmen, wobei es sich vornehmlich um schwarze Stimmen handelt, die schwarze Stilrichtungen wie Blues, Boogie-Woogie und Jazz interpretieren. Ihre Funktion als akustisches Schutzschild wird etwa in der Sequenz deutlich, in der die Klänge von »Bahama-Joe« die gezischten Angebote, welche »die Schlepper, die Wechsler, die Schnapper« (S. 41) machen, an Odysseus abprallen lassen: »Bahama-Joe, Musik mit ihrem Silberklang. Josef und Odysseus hörten das Gewisper und hörten es nicht. Bahama-Joe: sie ließen die Wisperer stehen, die zischenden Schlangen« (S. 42).

Josef bietet sich Odysseus am Bahnhof als Kofferträger an und erhält das Kofferradio. Er ist seit einem halben Jahrhundert Dienstmann; Mühe, Arbeit und Sorge haben sich in sein Gesicht eingegraben. Josef verkörpert den kleinen Mann von der Straße, den Treibstoff, der die große Geschichte am Laufen hält. Er hat schon zu Beginn des Jahrhunderts den Reisenden die Koffer getragen, im Ersten Weltkrieg war er in Frankreich an der Front und hatte gegen farbige Soldaten aus den französischen Kolonien gekämpft, »war heil herausgekommen, und wieder Koffer, Reisende ohne Gewehr, Fremdenverkehr zum Gebirgsbahnhof, Fremdenverkehr zum Hotel, die Olympischen Spiele, die Jugend der Welt, und wieder Fahnen, wieder Märsche, er schleppte Offiziersgepäck, die Söhne gingen ohne Wiederkehr, die Jugend der Welt, Sirenen, die Alte starb, die Mutter der vom Krieg verschlungenen Kinder, die Amerikaner kamen mit bunten Taschen, Bagagesäcken, leichtem Gepäck« (S. 28 f.). Als fast 70-Jähriger übernimmt Josef vorwiegend die leichteren Kommissionen, nähert sich daher auch Odysseus mit seinem kleinen Handgepäck und wird von diesem freundlich als seinesgleichen akzeptiert: Odysseus »empfand, kindlich, den Alten als altes Kind, als Spielgefährten der Straße« (S. 32). Josef begleitet Odysseus auf seinem Weg durch die Stadt und versucht ihn vor Gefahren zu warnen. Als die Griechen Odysseus zum Würfelspiel einladen, sagt Josef: »›Das sind schlechte Menschen, Mister, haben Messer.‹ Josef hob das Gesicht aus dem Bierkrug und blinzelte treu Odysseus den Herrn an.« (S. 60) Mit dem treuen Blinzeln scheint Josef sich hier gleichsam in den aufmerksamen Hund Argos am Hof des homerischen Odysseus zu verwandeln.

Während des Baseballspiels fällt Josef in Schlaf und träumt sein eigenes Sterben, »der schlafende Josef wußte, daß dies sein letzter Dienst gewesen war« (S. 136). Er sieht sich auf einem Bett im Armenspital liegen, erblickt Odysseus als ›bösen schwarzen Teufel‹ und prüft seine Lebensbilanz:

> Was wollte der Teufel von Josef? War Josef nicht immer brav gewesen […]? War er nicht in den Krieg gezogen? Oder war doch gerade das In-den-Krieg-ziehen Sünde gewesen? War die Pflichterfüllung Sünde gewesen? […] Es war wahr! Josef hatte es immer gequält. Insgeheim hatte es ihn gequält. Er hatte nicht gern daran gedacht: er hatte getötet, er hatte Menschen getötet, er hatte Reisende getötet […]. (S. 136 f.)

Als Odysseus nach dem Diebstahl seines Gelds mit Josef aus der Gaststätte flieht und ihn vor den Steinwürfen seiner Geg-

Gepäckträger am Münchner Hauptbahnhof. Aufnahme aus den Fünfzigerjahren des letzten Jahrhunderts.

ner mit in Deckung reißt, verwandelt sich vor Josefs geistigem Auge die Szene in ein Erinnerungsbild: »Odysseus packte Josef. Josef dachte ›es ist wie am Chemin-des-Dames, der Schwarze ist nicht der Teufel, er ist der Reisende den ich getötet habe, er ist der Turko der Senegalese den ich getötet habe auf meinem Ausflug in Frankreich‹. Josef wehrte sich nicht. Er erstarrte nur.« (S. 165) Den tödlichen Steinwurf, der wohl von Odysseus kommt, empfindet Josef daher als gerecht. Er kann nun entsühnt sterben. Kurz vor seinem Tod heißt es: »Er kam noch einmal zu sich. Er sagte: ›Es war der Reisende.‹ Er sagte es nicht, um anzuklagen. Er war froh, daß es der Reisende gewesen war. Die Schuld war beglichen.« (S. 184)

Im gleichen Moment, da Odysseus Josef seinen Lohn auszahlt, winkt er die Prostituierte Susanne zu sich. Sie wird nun bis zum Ende der Handlung seine Begleiterin. Susanne stattet der Erzähler mit einer dreifachen mythologischen Rollenexistenz aus, die ihr selbst ebenso wie Odysseus verborgen bleibt. »Susanne war Kirke und die Sirenen, sie war es in diesem Augenblick, sie war es eben geworden, und vielleicht war sie auch noch Nausikaa. Niemand im Lokal merkte, daß andere in Susannes Haut steckten, uralte Wesen; Susanne wußte nicht, wer alles sie war, Kirke, die Sirenen und vielleicht Nausikaa; die Törichte hielt sich für Susanne« (S. 157). Die Überdeterminierung einerseits und die unsichere Zuschreibung der Nausikaa-Rolle andererseits machen auch im Falle Susannes deutlich, dass es Koeppen nicht um eine konsistente Neuschöpfung einer mythologischen Gestalt geht. Andererseits lässt der Erzähler auch keinen Zweifel daran, dass sich Susanne im Moment ihrer Begegnung mit Odysseus in diese ›uralten Wesen‹ verwandelt, während sie bis zu dieser Szene nichts weiter als eine – in Messalinas Worten – »dumme Nutte« (S. 120) war. Ihre mythische Identität als Kirke, Sirene und Nausikaa beglaubigt sie dadurch, dass sich in ihrer Beziehung zu Odysseus die Funktionen der Verführung, der Warnung und der Rettung mischen. Indem sie den Liebesakt mit dem geretteten Odysseus vollzieht, wird sie Bestandteil des utopischen Gehalts von Koeppens Roman (vgl. S. 105–108 dieses Bands).

Mr. Edwin

Mr. Edwin ist ein berühmter und preisgekrönter älterer Schriftsteller. Er ist amerikanischer Herkunft, lebt aber schon seit langem in Europa, weil er sich der abendländischen Geistesgeschichte verpflichtet fühlt. Er befindet sich auf einer Art Vortragstournee, um den Geschlagenen wieder Zuversicht zu geben und sie an die eigene glanzvolle Tradition zu erinnern. Bezeichnend für Edwins Lebensstil ist, dass er die üppig eingerichteten, schon leicht maroden alten Hotels, »die Karawansereien des gebildeten Europas«, auf seinen Reisen »bei weitem den neuerrichteten Palästen, den Behausungsmaschinen einer Corbusier-Architektur« vorzieht (S. 107). Für ihn ist Deutschland das Land Goethes, Winckelmanns und Platens, das nach seinem Rückfall in die Barbarei wieder »an die unvergängliche Seele des Abendlandes« (S. 44) Anschluss finden soll. Dennoch beschleicht Edwin die Ahnung, dass er mit seiner Botschaft vielleicht zu spät komme, dass sein erlesenes Wissen weder Trost noch Hoffnung zu bringen vermag. Dass der Cadillac des Konsuls, mit dem Edwin auf die Szenerie des Romans rollt, gleich zweimal mit einem Sarg verglichen wird (vgl. S. 43 und 45), ist ein Indiz für die geschichtliche Überständigkeit von Edwins Weltanschauung. Die Todesverfallenheit seiner Position und seiner Person zeigt sich darin, dass Edwin bereits in der ersten Sequenz der Gedanke kommt: »Vielleicht würde er in dieser Stadt sterben.« (S. 45) Das Ende des Romans lässt offen, ob sich diese Ahnung bewahrheitet. Edwin, dessen literarische Vorlieben – Winckelmann, Platen, George – auf seine homosexuelle Orientierung hinweisen, geht nach seinem Vortrag ins Rotlichtviertel. Gleichsam in den Fußstapfen Gustav von Aschenbachs in Thomas Manns Novelle *Der Tod in Venedig* (1912) wandelnd, sucht er nach dem »Abglanz des ewig Schönen« und findet die »großen und grausamen Fäuste« (S. 224 f.) von vier Strichjungen.

Auch wenn Edwin von der Richtigkeit der hellenisch-christlichen Denkweise überzeugt ist, ist er nicht frei von Selbstzweifeln und von Skepsis gegenüber der Tragfähigkeit der von ihm vertretenen Werte. In seinem Hotelzimmer sinnierend, bedenkt Edwin das von Dostojewski stammende »Wort von der kleinen, Asien vorgelagerten Halbinsel, die nach drei Jahrtausenden der Selbständigkeit, der Frühreife, der Ungezogenheit, des Ordentlich-Unordentlichen, des Größenwahns zur Mutter Asien zurückkehren oder zurückfallen werde« (S. 108). Er gerät also in Zweifel, ob statt der Restauration, für die er sich einsetzt, nicht doch die Vollendung der Zerstörung wünschenswert wäre. Edwin hat das Gefühl, die Bühne der Geschichte sei zur Tragödie hergerichtet, aber das, was sich auf ihr abspiele, sei »vorläufig possenhaft« (S. 109). Einen solchen possenhaften Verlauf nimmt auch sein abendlicher Auftritt als »Kreuzfahrer des Geistes« (S. 186), wie ihn der amerikanische Rundfunk ankündigt.

Edwin fühlt sich zunehmend unwohl, je näher sein Vortrag rückt. Dabei ist der Zweifel an der Tauglichkeit seiner Botschaft nur eine Ursache. Hinzu kommt das Gefühl, sich aus Eitelkeit und aus Neid auf die Verehrung, die Filmstars in der Öffentlichkeit genießen, zu seiner Zusage verleitet haben zu lassen (vgl. S. 175 f.). Als Edwin dann anhebt, seinen Vortrag über »die Ewigkeit des Geistes« (S. 44) zu halten, versagen die Lautsprecher: »Edwin wollte mit der griechischen und lateinischen Antike beginnen, er wollte die Christenheit erwähnen, die Verbindung biblischer Tradition mit der Klassik, er wollte von der Renaissance sprechen und Lob und Tadel an den französischen Rationalismus des achtzehnten Jahrhunderts wenden, aber leider drang statt der Worte nur Geräusch zu seinen Zuhörern, ein Gurgeln und Knacken und Raspeln wie von Jahrmarktspritschen.« (S. 190 f.) Edwins Botschaft kann das Auditorium zunächst nicht erreichen, weil die Technik, das »schabernacksüchtige, unbekümmerte Kind des Geistes« (S. 191), gegen den Geist rebelliert.

Dass das Scheitern von Edwins Intention allerdings nicht bloß durch ein technisches Übertragungsproblem bedingt ist, zeigt die Fortsetzung der Sequenz nach Instandsetzung der Mikrophonanlage. Edwin beschwört die Geistesheroen von Homer bis Goethe und sagt, möglicherweise sei deren »Schein, der vielleicht letzte Abendschein des müden Europas, das einzige wärmende Licht in der Welt« (S. 212). Es entgeht ihm, dass seine Zuhörer bis auf wenige Ausnahmen, zu denen

Philipp und die amerikanischen Lehrerinnen gehören, eingeschlafen sind. So läuft auch seine Attacke auf den Nihilismus der Gegenwart, für den er die Titelmetapher des Romans beispielhaft zitiert, ins Leere.

> Edwin erwähnte die Freiheit. Der europäische Geist, sagte er, sei die Zukunft der Freiheit, oder die Freiheit werde keine Zukunft mehr in der Welt haben. Hier wandte sich Edwin gegen einen Ausspruch der seinen Zuhörern völlig unbekannten amerikanischen Dichterin Gertrude Stein [...]. Wie Tauben im Gras, sagte Edwin, die Stein zitierend, [...] betrachteten gewisse Zivilisationsgeister die Menschen, indem sie sich bemühten, das Sinnlose und scheinbar Zufällige der menschlichen Existenz bloßzustellen, den Menschen frei von Gott zu schildern, um ihn dann frei im Nichts flattern zu lassen [...]. (S. 214 f.)

Edwins Beschwörung der abendländischen Tradition ist vergeblich. Schon zu Beginn seines Vortrags nimmt der Erzähler das Resultat vorweg: »Der Vortrag würde völlig folgenlos bleiben.« (S. 210) Erst das Knirschen und Knacken der Lautsprecher nach Edwins Rede reißt die Zuhörer aus dem Schlaf, die mit ihrem Beifall den »schon gestorbenen, schon toten, ja zu Staub und Moder gewordenen Anhauch seines Geistes als lästige Spinnwebe von sich streiften« (S. 220). Damit wird der Gehalt von Edwins Rede mit denselben Worten charakterisiert wie unmittelbar zuvor (vgl. S. 219) das Inventar von Emilias Großvatervilla. Er repräsentiert wie diese eine untergegangene Epoche des bürgerlichen Geistes. Die abendländische Tradition, die Edwin verkörpert, ist geistesgeschichtlich von Nietzsche und der klassischen Moderne infrage gestellt und historisch spätestens vom Zweiten Weltkrieg und den mit ihm einhergehenden Verbrechen pulverisiert worden.

Kay

Kay ist eine 21 Jahre junge amerikanische Lehrerin, die mit einer Reisegruppe nach Deutschland kommt. Sie hat Germanistik bei einem jüdischen Exilanten studiert, der ihr das romantische Bild von Deutschland als dem Land der Dichter und Denker vermittelt hat. Sie verkörpert, ähnlich wie Richard Kirsch, das unverbildete, frische Amerika, mit einem Zug ins Naiv-Kindliche. Als sie Philipp in der Hotelhalle gegenübersteht, malt sie sich aus, dass er in einem Bombenkeller verschüttet gewesen sei und sie seinen Rheinwein trinkt und mit ihm durch seine Eichenwälder spaziert. Sie ist neugierig, unbefangen und kontaktfreudig. Als Emilia ihr den Schmuck umhängt, schenkt sie ihr spontan ihren Reisehut. »Kay war frei«, heißt es an der Stelle, »sie war ein freier Mensch, unbewußter als Emilia, war sie vielleicht um so selbstverständlicher frei« (S. 160). Sie teilt mit Emilia die Empfindung der ›herrlichen Rebellion‹ gegen Vernunft und Sitte. Ihr Selbstbewusstsein erlaubt es ihr, unkonventionell zu sein.

Auch wenn der Whisky-Genuss bei ihrem Hotelbarbesuch mit Emilia eine gewisse Rolle spielt, ist doch unzweifelhaft, dass ihr Unverständnis von Edwins Rede sich vor allem aus der Begrenztheit ihrer intellektuellen Kapazitäten erklärt. Dafür besitzt Kay aber eine große Sensibilität. Als Philipp sie statt in eine romantische Dichterklause in ein ödes Hotelzimmer führt, klärt sich ihr Klischeevorstellungen verhafteter Blick. Sie erkennt, dass seine Wirklichkeit nicht aus einem Eichenhain, sondern aus dem deutschen Elend besteht. Die Weitergabe des Geschenks von Emilia ist hier kein Akt der Freiheit, sondern des Mitgefühls. Mit der Äußerung des Wunsches zu gehen, markiert Kay die Trennungslinie, die bei aller Offenheit und Sympathie zwischen ihr als Amerikanerin und Philipp als Deutschem verläuft. Sie erkennt, dass sie zwei verschiedenen Welten angehören.

Richard Kirsch

Richard Kirsch, deutschstämmiger Sohn eines nach Amerika ins Exil gegangenen Reichswehrsoldaten, ist vielleicht die reinste Verkörperung dessen, was man sich unter dem *american way of life* als dem Gegenmodell zum alten Europa vorstellen kann. Richard nähert sich Deutschland ganz unbefangen: »Richard fühlte sich frei von Feindschaft und Vorurteilen, nicht Haß und Verachtung belasteten ihn. [...] Er war jung, er war neugierig, er würde sich's anschauen: das Land der Väter.« (S. 38 f.) Sein Denken ist ganz der Rationalität verpflichtet, sein Empfinden ist immunisiert gegen religiösen Überschwang oder nationalistische Hysterie. »Kreuzritter der Ordnung waren sie, Ritter der Vernunft, der Nützlichkeit und angemessener bürgerlicher Freiheit: sie suchten kein Heiliges Grab.« (S. 39) Richard kommt nicht als bloßer Beobachter, er kommt mit einem gleichsam säkularen, also weltlichen Sendungsbewusstsein: »[E]r reiste aus Nützlichkeitsgründen, im Auftrag seines Landes und seiner Zeit, und er glaubte, es sei nun die Zeit seines Landes, das Jahrhundert der gereinigten Triebe, der nützlichen Ordnung, der Planung, der Verwaltung und der Tüchtigkeit« (S. 38). Richards Jugend ist zugleich die Jugendlichkeit Amerikas, der neuen Welt, die unbelastet von den jahrtausendealten Konflikten und Traditionen Europas die Zukunft nach modernen Maßstäben gestalten könnte. Richard interessiert sich nicht für den Ballast der Vergangenheit, nur für »Geschichte im Präsens« (S. 39). Daher kann er auch den Schmerz seines Vaters über die zerbombte deutsche Stadt nicht nachempfinden. Für ihn sind bloß ein paar alte Häuser zusammengestürzt, die ohnehin »längst untergangsreif« waren. Er will als »amerikanischer Baumeister« der zerstörten Stadt ein neues Aussehen geben. »Was für Hochhäuser würde er ihnen auf die Schutthalden setzen! Die Gegend würde ein fortschrittlicheres Gesicht bekommen.« (S. 121)

Zugleich muss Richard feststellen, dass die Übersichtlichkeit, die er aus dem Flugzeug heraus wahrgenommen hatte, inmitten der Menschen verloren geht. Er fühlt sich durch den »europäischen Wirrwarr«, in dem sie leben, nahezu bedroht. »Er wollte Amerika verteidigen. Wenn es sein mußte, würde er Amerika auch in Europa verteidigen.« (S. 122)

Für Richard Kirsch schließt diese Bereitschaft auch seine farbigen Landsleute ein. »Richard hatte nichts gegen Neger« (S. 133), heißt es lapidar, als eine Nachbarin von Frau Behrend sich im Gespräch mit ihm über den farbigen Partner von Carla ereifert. Zwar sucht auch er auf Empfehlung seines Vaters das Bräuhaus auf und fühlt sich dort wohl; aber als die aufgestachelte Meute den ›Negerclub‹ mit Steinen bewirft, stellt er sich kurzentschlossen an die Seite der Angegriffenen. Obwohl seine Begleiterin ihn zurückhalten, ihn gewissermaßen auf seine private Existenz reduzieren möchte, zögert Richard keinen Augenblick, »Amerika zu verteidigen, das schwarze Amerika, das hinter ihm lag, das dunkle Amerika« (S. 216). Richard bezahlt diesen spontanen Akt der Solidarisierung mit dem Tod im Steinhagel.

Ezra Gallagher und Heinz Behrend

Ezra und Heinz sind zwei etwa gleichaltrige Jungen. Von Ezra erfährt man, dass er elf Jahre alt und rothaarig ist. Ezra ist der Sohn des amerikanischen Anwalts Christopher Gallagher und seiner Frau Henriette, geborene Cohen, einer deutschen Exilantin. Der Name Gallagher und das rote Haar legen eine Abkunft von irischen Einwanderern nahe. Henriette stammt aus einem bildungsbürgerlichen deutsch-jüdischen Milieu. Auch in Kalifornien hält sie die deutsche Kultur lebendig. Besonders in Zeiten, in denen Ezra fieberkrank im Bett liegt, lehrt Henriette ihn die Muttersprache, indem sie ihm deutsche Märchen vorliest. Wenn sie ihn eingeschlafen glaubt, »erzähl-

Kinder mit verlassenem Auto im München der Nachkriegszeit.

te sie für sich […] das Märchen von den Großeltern« (S. 79). Es ist ein Märchen aus ›Leid-, Murmel- und Tränenworten‹, denn es handelt von Rassenverfolgung, Deportation und Tod. So vermischen sich beide Märchenarten in Ezras Gemüt und die Verschwundenen und Getöteten seiner Familie verwandeln sich »zu Gestalten aus Grimms deutschen Kinder- und Hausmärchen« (S. 79). Europa ist für Ezra daher »der Erdteil der grausamen Sagen« (S. 78), und als er nach Deutschland kommt, fühlt er sich wie in einem unheimlichen Zauberwald.

Da Amerika gegen »den bösen Riesen *Hitler Aggressor*« (S. 78) gekämpft hat, begreift sich auch Ezra als Krieger. Er spielt Jagdflieger und fantasiert Bombardements, mit denen er die Kinderbande von Heinz vernichtet. Schließlich sieht er sich gezwungen, zum Bodenkampf überzugehen, um den Hund von Heinz zu erobern, den dieser ihm aus einer spontanen Eingebung heraus zum Verkauf anbietet.

Heinz begegnet dem amerikanischen Jungen auf derselben Ebene. Er lebt im Wilden Westen der Abenteuerromane von James Fenimore Cooper und sieht sich als »Wildtöter« auf der Jagd nach der »Rote[n] Schlange« (S. 203). Seine Großmutter Frau Behrend mag er nicht, weil sie ihn in eine Erziehungsanstalt stecken will; zu seiner Mutter Carla hat er ein distanziertes Verhältnis, weil er nicht recht weiß, was er von ihrer Verbindung mit einem ›Nigger‹ halten soll.

Als Christopher Ezra mit in das Bräuhaus nimmt, verwandelt sich die schunkelnde und trinkende Menge vor seinen Augen auf bedrohliche Weise: »Er war in einem finsteren Wald. Jeder Mann war hier ein Baum. Jeder Baum war eine Eiche. Und jede Eiche war ein Riese, der böse Riese des Märchens, ein Riese mit einer Keule.« (S. 200) Als Heinz im Bräuhaus auftaucht, erkennt Ezra, dass der deutsche Junge der »ihm von den Riesen des Waldes erwählte[ ] Gegner« (S. 205) ist. Erst der schmerzhaft endende Showdown zwischen Ezra und Heinz auf der einstürzenden Ruinenmauer lässt auch ihre Ersatzwelten zusammenbrechen: »Sie hatten sich wehgetan. [...] Sie wollten nichts mehr voneinander. Sie vermieden es, sich anzusehen. Sie waren aus Märchen und Indianergeschichten erwacht und schämten sich.« (S. 217)

Wenig später kommt Heinz im Steinhagel um.

3 Gehalt

Als 1956 die erste Taschenbuchausgabe von *Tauben im Gras* erschien, schickte Koeppen ihr eine Vorbemerkung voraus, die einer Lektüre seines Buchs als Schlüsselroman vorbeugen sollte. Koeppen hatte erleben müssen, dass nach dem Erscheinen des Romans 1951 eine Reihe von Personen aus der Münchner Künstlerszene sich in dem Buch unvorteilhaft porträtiert glaubte und daraus einen lokalen Skandal machte.

»Tauben im Gras« wurde kurz nach der Währungsreform geschrieben, als das deutsche Wirtschaftswunder im Westen aufging, als die ersten neuen Kinos, die ersten neuen Versicherungspaläste die Trümmer und die Behelfsläden überragten, zur hohen Zeit der Besatzungsmächte, als Korea und Persien die Welt ängstigten und die Wirtschaftswundersonne vielleicht gleich wieder im Osten blutig untergehen würde. Es war die Zeit, in der die neuen Reichen sich noch unsicher fühlten, in der die Schwarzmarktgewinner nach Anlagen suchten und die Sparer den Krieg bezahlten. Die neuen deutschen Geldscheine sahen wie gute Dollars aus, aber man traute doch mehr den Sachwerten, und viel Bedarf war nachzuholen, der Bauch war endlich zu füllen, der Kopf war von Hunger und Bombenknall noch etwas wirr, und alle Sinne suchten Lust, bevor vielleicht der dritte Weltkrieg kam. Diese Zeit, den Urgrund unseres Heute, habe ich geschildert, und ich möchte nun annehmen, sie allgemeingültig beschrieben zu haben, denn man glaubte, in dem Roman »Tauben im Gras« einen Spiegel zu sehen, in dem viele, an die ich beim Schreiben nicht gedacht hatte, sich zu erkennen wähnten, und manche, die ich nie in Verhältnissen und Bedrückungen vermutet hatte, wie dieses Buch sie malt, fühlten sich zu meiner Bestürzung von mir gekränkt, der ich nur als Schriftsteller gehandelt hatte und nach dem Wort Georges Bernanos' »das Leben in meinem Herzen filterte, um die geheime, mit Balsam und Gift erfüllte Essenz herauszuziehen«.

Wolfgang Koeppen, Tauben im Gras. Vorbemerkung zur Ausgabe des Romans von 1956

In einer zeitnahen Reaktion auf die Unterstellung, in seinem Roman gewissermaßen durchs Schlüsselloch blickend intime Verhältnisse ans Licht der Öffentlichkeit gezerrt zu haben, hatte Koeppen bereits 1952 betont, es sei ihm ausschließlich um »die Essenz des Daseins, das Klima der Zeit, die Temperatur des Tages« gegangen (zitiert nach Treichel, S. 258). Die Dreigliedrigkeit dieser Absichtserklärung kann uns ins Zentrum seiner Poetik geleiten. Sie kann helfen, die in der Forschung zu Koeppen in Konkurrenz stehenden Akzentsetzungen in einer höheren Einheit zu synthetisieren.

»Temperatur des Tages« – Momentaufnahmen sozialer Räume

Mit dem Stichwort »Temperatur des Tages« wird die Qualität von *Tauben im Gras* als aktueller Zeitroman erfasst. Der Text spielt an einem Tag, auf den die verschiedensten Ereignisse konzentriert werden. Er verwendet, um dessen ›Temperatur‹ zu messen, authentisches Material wie etwa die Zeitungsschlagzeilen – auch wenn selbst die aktuellen natürlich nicht alle vom 20. Februar 1951 stammen. Im Wesentlichen aber ist das Geschehen selber rein fiktional. Nur so kann Koeppen sein miteinander verknüpftes Personal quasi synchron in all die gesellschaftlichen Zonen führen, von denen er eine Momentaufnahme machen möchte. Die Vielzahl der Sequenzen dient ihm dabei als probates Verfahren, wie mit rasch aufeinanderfolgenden Spotlights ganz unterschiedliche soziale Räume auszuleuchten sind. Das reicht, um nur einige wenige Beispiele zu nennen, in der Linie der Gaststätten vom Stehausschank über die Halbwelt-Spelunke, die Quartierskneipe, das Café und das Bräuhaus bis zur Hotelbar, wobei auf den einzelnen Ebenen noch Differenzierungen erfolgen können. Philipp etwa besucht als Laufkunde ein »traurige[s] Café« (S. 56), während Frau Behrend im Domcafé ihren Stammplatz hat. Besonders dienen aber die drei nebeneinanderliegenden Stehausschänke des alten Nazi, des Italieners und der alten Dirne dazu, mit einer quasi filmischen Simultantechnik typische mentale Einstellungen zu erfassen.

In der Linie der öffentlichen Räume reicht das Panorama von Geschäftslokalen über das Städtische Leihamt, die Praxen von Dr. Behude und Dr. Frahm, das Krankenhaus, das Carla aufsucht, das schäbige Hotel, in dem Philipp ein Zimmer hat, und den altehrwürdigen Gasthof, in dem Edwin sich aufhält, über die beiden Kirchen, die Emmi und Hillegonda aufsuchen, den Turm des Doms, das Kino und den Bahnhof bis zum Sportplatz, wo das Baseballspiel stattfindet, und zur Kaserne der farbigen Soldaten. Auch hier erfolgt auf der Ebene der Geschäfte nochmals eine breite Differenzierung, wenn man an den unterirdischen Antiquitätenladen, das Schreibwarengeschäft, den Juwelierladen, das Lebensmittelgeschäft von Frau Behrends Nachbarin und das Kaufhaus, in dem Washington Reizwäsche erwirbt, denkt.

Auf der Linie der privaten Räume finden wir die untervermieteten Hurenkammern der Frau Welz, das Kellerlabor von Schnakenbach, die Wohnung des Schauspielerpaars Alexander und Messalina, die überbordende Kommerzienratsvilla. Allein die Aufzählung dieser Handlungsräume dokumentiert Koeppens Bemühen, ein repräsentatives Spiegelbild der zeitgenössischen bundesrepublikanischen Wirklichkeit zu liefern.

»Klima der Zeit« – Restauration und Desintegration

Wir sind damit auf der Ebene des »Klimas der Zeit« angekommen, das sich aus der Summe der Einzelbeobachtungen an den Geschehnissen des geschilderten Tags ergibt. Koeppens zugrunde liegende Intention dürfte vor allem darauf zielen, eine kritische Auseinandersetzung mit dem restaurativen Klima der ersten Nachkriegsjahre zu leisten. Diese Auseinandersetzung erfolgt weniger in einer dezidiert politischen Form, als vielmehr durch das Vorführen von Orientierungen, Grundhaltungen, Werturteilen. Koeppen praktiziert eher eine Art Mentalitätskritik, die besonders das Fortbestehen von

Einstellungen in den Blick nimmt, die dem Aufkommen des Nationalsozialismus günstig waren. Frau Behrend ist unter diesem Aspekt die prädestinierte Gestalt für Koeppens Diagnose von den mentalen Beharrungskräften des (kleinbürgerlichen) Ressentiments. Deutlich wird ihr Abwehrreflex gegen alles Fremde etwa an der Ineinssetzung von Farbigen und Juden. Als sie im Domcafé sitzt und sich ausmalt, wie ihre Nachbarin sich im Gespräch mit Richard Kirsch über Carlas ›Schande‹ ausgelassen hat, denkt sie: »und dabei waren sie drüben in Amerika so streng mit den Negern, *Rassenschande, arischer Nachweis,* ob Neger oder Jude, es war dasselbe« (S. 143).

Koeppens Kritik gilt aber ebenso dem bildungsbürgerlichen Traditionalismus. Er steht im Roman im Zeichen des Todes. Das Amerikahaus, in dem Edwin vergeblich die Ewigkeit des abendländischen Geistes beschwört, erscheint als »kolossales Grabmal der Antike« (S. 221). Die Gesellschaft ist desintegriert, sie gehorcht dem Gesetz des Triebs und der Gewalt, dem Wolfsgesetz; die Werte des bürgerlichen Zeitalters haben ihre Bindungs- und Überzeugungskraft eingebüßt. Wo Moral noch einen Fürsprecher hat, wie in Washington, tilgt das Ressentiment oder einfach der Zufall diesen aus. Der Erzähler reagiert auf diesen Gesellschaftszustand mit Abscheu und Wut, seine Entrüstung artikuliert sich im physischen Ekel, bricht sich Bahn in Beschreibungen von Schmutz, Unrat, Gestank, Moder, Ausdünstungen und so fort. Damit verrät sich neuerlich die Verwandtschaft mit der existenzialistischen Welterfahrung, beispielsweise dem Weltekel von Roquentin, dem Antihelden von Jean Paul Sartres Roman *Der Ekel* (1938). Freilich schließt dieser Ekel tendenziell auch die eigene Person ein, er hat Teil am Selbsthass und der Selbsterniedrigung des Melancholikers, der seine selbstzerstörerischen Energien in apokalyptischen Bildern nach außen wendet.

Man kann diesen Zusammenhang an Edwins Gedankenspiel ablesen, in dem er dem am Boden liegenden Europa die endgültige Zerstörung wünscht. Auch seine unterlassene Hilfeleistung für Emilia dokumentiert die für den Melancholiker typische Handlungshemmung. An die Stelle der humanen Tat tritt bei Edwin die sezierende Reflexion über das eigene Versagen in der sozialen Praxis. Ähnlich verhält es sich mit Philipp. Handlungshemmung und Selbstverachtung gehören auch zu seinem Charakterbild. Als er im Schreibmaschinengeschäft das Diktaphonband mit seiner Stimme anhört, ist er beschämt und flieht erschrocken aus dem Laden. Die eigene Stimme, heißt es, »befremdete ihn« (S. 59).

Medienkritik

Zu diesem Sich-selbst-fremd-Werden trägt die Entstellung der Stimme durch das technische Medium bei. Ganz deutlich wird diese Thematik von Koeppen im Zusammenhang mit Edwins Rede aufgegriffen: » ›Alles zerbricht‹, dachte Philipp, ›wir können uns nicht mehr verständigen, nicht Edwin redet, der Lautsprecher spricht, [...] die Lautsprecher, diese gefährlichen Roboter, halten auch Edwin gefangen: sein Wort wird durch ihren blechernen Mund gepreßt, es wird zur Lautsprechersprache, zu dem Weltidiom, das jeder kennt und niemand versteht.‹ « (S. 209)

Es ist allerdings nicht zu übersehen, dass das gegenseitige Verstehen auch ohne das Dazwischentreten der Technik häufig misslingt und zu Verstummen oder Missverständnis führt. Beispielhaft dafür sind die nur in monologischen Gedankengängen geführten ›Unterhaltungen‹ zwischen Emilia und Messalina (vgl. S. 54 f.) oder zwischen Carla und ihrer Mutter Frau Behrend (vgl. S. 113 f. und 116). Besonders signifikant ist die Verkettung von Missverständnissen über Philipps Identität in der Hotelhalle (vgl. S. 97–103).

Die Reflexion über die Deformation des geistigen Gehalts durch die technische Übertragung ist ein Aspekt von Koeppens Medienkritik. Ihr zweiter Schwerpunkt betrifft das Unterhaltungsmedium Film, das vor allem an der Figur des Schauspielers Alexander beleuchtet wird. Seine Darstellung beruht auf dem krassen Kontrast zwischen äußerem Schein und innerem Wesen. Nach dem Modell dieser Polarität ist die erste Sequenz gestaltet, die ihn vorstellt: »Der Erzherzog wurde angekleidet, er wurde hergestellt. Hier ein Orden, da ein Band, ein Kreuz, ein strahlender Stern, Fangschnüre des Schicksals, Ketten der Macht […]. Alexander schwitzte. Übelkeit quälte ihn. Das Blech, der Tannenbaumzauber, der gestickte Uniformkragen, alles schnürte und engte ihn ein.« (S. 10 f.) Zu den Widersprüchen seiner Existenz gehört auch, dass er als Erzherzog den erfolgreichen Liebhaber spielt, in Wirklichkeit jedoch mit Impotenz zu kämpfen hat. Im Badezimmer stößt er auf Susanne, die er am Abend zuvor aufgegabelt hat und deren Erwartungen er nicht erfüllen konnte. Susanne denkt mit Abscheu an den Abend zurück, an dem sie nur von Lesbierinnen traktiert wurde.

> Und Alexander? Erloschen trägeschwer lidverschwollen, Blicke aus toten gläsernen Augen. Sahen die Augen etwas? nahmen sie etwas wahr? Wo lachte und liebte Alexander? wo diente er Frauen und hob sie zu sich empor? Im Thaliapalast, Ecke Schillerplatz und Goethestraße, fünf Vorstellungen am Tag. Wo schnarchte Alexander? wo hing er wie leblos über dem Sessel und hing sein Fleisch? (S. 156)

Trotz dieser Bloßstellung seines Versagens muss Alexander sich keine Sorgen um eine Schädigung seines Rufs machen. Er kann sich darauf verlassen, dass das medial aufgebaute Bild seiner Person die wahren Verhältnisse überformt. »Das

Mädchen Susanne sah neugierig, enttäuscht und böse auf alles, was an Alexander schlapp war. Er dachte ›schau dir es an, erzähl, was du willst, sie glauben es dir nicht, ich bin ihr Idol‹.« (S. 12) Alexander ist sich der kompensatorischen Funktion der Filmrollen, die er spielt, sehr bewusst: »Was zog denn noch? Er zog noch. *Alexander, die Liebe des Erzherzogs.* Die Leute hatten die Nase voll; sie hatten genug von der Zeit, genug von den Trümmern; die Leute wollten nicht ihre Sorgen, nicht ihre Furcht, nicht ihren Alltag, sie wollten nicht ihr Elend gespiegelt sehen.« (S. 12) Der Spielfilmtypus, in dem Alexander als Erzherzog zum Star aufgestiegen ist, bietet Trost und dient der Verdrängung. Die zahlreichen Filmtitel nach dem Modell *Der Erzherzog und X* beziehungsweise *Erzherzogliebe im X* (vgl. S. 12) zeigen, dass Koeppen bereits die serielle Fertigung dieser Produktlinie als ›Großstaffel‹ (vgl. S. 119) reflektiert. In der Hotelhalle stürzen sich die auf Edwin wartenden Pressephotographen sogleich auf Alexander, als der dort auftaucht. Man beglückwünscht ihn und schwärmt von dem neuen ›wundervollen Film‹. Alexander sagt nur: »Ein Schmarren« (S. 189). Die Äußerung zeigt, dass Alexander nicht dumm ist. Er weiß genau, dass er in Diensten der Illusion und nicht der Wahrheit steht. Das Wissen um die Hohlheit des eigenen Tuns schreibt sich von Alexanders Biographie her. Nach den Dreharbeiten kehrt er müde nach Hause zurück.

> Er hatte es satt. Satt die Erzherzogrolle. […] Satt das geborgte Heldentum. Was tat er im Krieg? […] Als die Bomben fielen, hockte er im Adlon-Diplomaten-Bunker. Das war ein Bunker für feine Leute. Landser auf Urlaub wurden nicht reingelassen. […] Wer war er? Ein draufgängerisch-treu-sentimental-kühner-Helden-Potenter? Er hatte es satt. Er war müde. Er war ausgeheldet. Er war wie ein ausgenommener Kapaun: fett und hohl. (S. 153)

Es ist bezeichnend, dass Philipp sich nicht in der Lage sieht, diesen Konsumentengeschmack zu bedienen. »Filme für Alexander? Filme für Messalina? *Erzherzogliebe im Atelier*, ich kann das nicht, [...] ich verstehe es nicht, *Erzherzogliebe*, was sagt mir das? die falschen Gefühle, die echten falschen Gefühle, kein Organ dafür, wer will so was sehen? alle, so sagt man« (S. 56). Die Alternative, das Medium Film in einer ernsthaften, der Wahrheit dienenden Form zu nutzen, deutet sich nur einmal kurz in einem Seitenblick auf den italienischen Neorealismus an, der damals mit Michelangelo Antonioni (1912 bis 2007) internationale Beachtung fand. Auch auf die Printmedien fällt ein durchgehend kritischer Blick. Die Tageszeitungen und Illustrierten befriedigen allein die Sensationsgier und machen sich zu Handlangern der politischen Restauration.

Geschichtskonzeptionen

In *Tauben im Gras* begegnen mehrere konkurrierende Auffassungen vom Verlauf der Geschichte. Richard Kirsch ist Vertreter einer optimistischen Geschichtsauffassung und geht von einer fortschreitenden Entwicklung im Zeichen von Vernunft und Ordnung aus. Ähnlich denkt der in politischen Dingen eher etwas naiv wirkende Christopher Gallagher, der jedes nationalstaatliche Denken für Unsinn (vgl. S. 178) und in ausgelassen-sentimentaler Bierseligkeit alle deutschen Bräuhausbesucher für »prächtige Leute« (S. 200) hält.

Auch sein Landsmann Washington Price hält es für möglich, seine Utopie von dem Ort, an dem niemand unerwünscht ist, in Paris in die Realität zu überführen. Und selbst Edwin, ein weiterer Amerikaner, glaubt trotz einiger Selbstzweifel an eine Zukunftsgestaltung auf der Basis der abendländischen Kulturtradition der Aufklärung und des christlichen Humanismus. Aber nicht alle Vertreter der Neuen Welt neigen zu Fortschrittsideen.

Der Wittelsbacherplatz in München, umfunktioniert in einen Parkplatz für amerikanische Fahrzeuge. Aufnahme von 1947.

Wolfgang Koeppens eigener Geschichtsauffassung dürfte diejenige näher stehen, die er aus Gedankengängen von Odysseus Cotton herleitet:

> Odysseus blickte zufrieden über die Stadt. [...] Die Black-Boys waren aus dem Wald gekommen. War hier nie Wald gewesen, immer nur Häuser? Natürlich, auch hier war Wald gewesen, dichter Urwald, grünes Gestrüpp, Odysseus sah gewaltige Dschungeln unter sich wachsen, Gestrüpp, Farne, Lianen überwucherten die Häuser; was gewesen war, konnte immer wieder kommen. (S. 115)

Auch wenn die Vision von Odysseus auf den ersten Blick die Vorstellung eines zyklischen Geschichtsverlaufs hervorruft, wie sie Koeppen verschiedentlich unterstellt wurde, setzt doch der eindeutig vom Erzähler stammende Nachsatz einen anderen Akzent. Die Formulierung »was gewesen war, konnte immer wieder kommen«, spricht von Wiederholung als einer Möglichkeit, keiner Notwendigkeit. Andererseits ist diese Wiederholung an keine Bedingungen, also auch an keinen irgendwie gearteten Kreislauf gebunden. Ein zyklisches Modell erscheint daher als zu gesetzmäßig für Koeppens Art zu denken. Seine Auffassung vom Geschichtsverlauf weist vielmehr große Nähe zu derjenigen von Gottfried Benn auf. Benn prägte zur Beschreibung des Geschichtsverlaufs den Begriff ›sphingoid‹ und meinte damit einen Prozess, der über eine rätselhafte und unberechenbare Verwandlungsfähigkeit verfügt. Mit anderen Worten: Zufall regiert die Geschichte. Das gilt für die Geschichte des Einzelnen so gut wie für die Menschheitsgeschichte. An der Stelle, wo die Titelmetapher von den ›Tauben im Gras‹ zum ersten Mal in den Text eingeführt wird, taucht dieser Gedanke explizit auf:

> Die Lehrerinnen gingen über den großen Platz, eine von Hitler entworfene Anlage, die als Ehrenhain des Nationalsozialismus geplant war. Miss Wescott machte auf die Bedeutung des Platzes aufmerksam. Im Gras hockten Vögel. Miss Burnett dachte ›wir verstehen nicht mehr als die Vögel von dem was die Wescott quatscht, die Vögel sind zufällig hier, wir sind zufällig hier, und vielleicht waren auch die Nazis nur zufällig hier, Hitler war ein Zufall, seine Politik war ein grausamer und dummer Zufall, vielleicht ist die Welt ein grausamer und dummer Zufall Gottes, keiner weiß warum wir hier sind‹. (S. 171)

Geschichte erscheint bei Koeppen häufig im Bild von Naturvorgängen. Dass Deutschland ihn während seiner Lebenszeit in zwei Weltkriege verwickelte, erklärt der Gepäckträger Josef sich als »eine Krankheit, die immer wiederkehrte« (S. 115). In einer früheren Sequenz hört Josef aus dem Kofferradio einen

Radiovortrag über den Konflikt in Persien, der ihm als »eine Brandung der Geschichte« erscheint, eine »unverständliche erlebte gärende Geschichte, ein Sauerteig, der aufging« (S. 82). Wenig später stößt man auf folgende offenbar von der Erzählerinstanz stammende Reflexion: »Der Strom der Geschichte floß. Zuweilen trat der Strom über die Ufer. Er überschwemmte das Land mit Geschichte. Er ließ Ertrunkene zurück, er ließ den Schlamm zurück« (S. 83 f.). Carla findet dafür die knappe, illusionslose Formel: »Welche Welt aber gab es? Eine dreckige Welt.« (S. 126)

Mythos und Märchen

Auffällig an *Tauben im Gras* ist der vielfältige Bezug auf Mythologie und Märchen. Zahlreiche Figuren werden mit mythischen oder Märchen-Gestalten verglichen (zum Beispiel Emilia als »verkommene Iphigenie«, S. 33; die berauschte Emilia als »Hydra«, S. 151; Philipp fühlt sich von »Erinnyen« gejagt, S. 15; Messalina erscheint als »Gorgo«, S. 11; vgl. auch Ezra und das Märchen vom Machandelbaum, S. 79). Außerdem streut der Erzähler häufig mythologische Assoziationen ein (an Orpheus und Mars, S. 17; Pan, S. 25; Ödipus, S. 29; Pluto, S. 92, Ikarus, S. 130). Gemeinsames Merkmal all dieser Anspielungen auf Mythen ist ihr gleichsam fragmentarischer Charakter. Damit ist gemeint, dass der Mythos bei Koeppen als Steinbruch und Material fungiert, aber nicht mehr in seiner Ganzheit nacherzählt oder neu geschaffen wird.

Koeppens fragmentierender Umgang mit dem mythologischen Material ist typisch für das moderne Erzählen. Ähnlich wie wir es am Beispiel der Metapher beobachten konnten, setzt Koeppen die mythologischen Elemente nicht dazu ein, eine in sich geschlossene mythische Weltsicht zu vermitteln. Der Mythos als sinnstiftende Ganzheit hat auch für ihn seine historische Tragfähigkeit eingebüßt.

Der Mythos selber kann keine formende Kraft gewinnen, weil Koeppen ihn nicht mehr als ganzen und als jeweils einzigen in die Dichtung zitiert. Der Mythos wird atomisiert und zugleich synkretistisch erweitert durch die Elemente anderer Mythen, von Märchen und Dichtungen.

Ernst-Peter Wieckenberg, Der Erzähler Wolfgang Koeppen, S. 199

Es ist aber zu betonen, dass die Mythologie für Koeppen nicht bloß artistisches Spielmaterial darstellt. Für Koeppen sind die Welt und das Leben des Menschen nicht vollständig mythenleer. Er ist vielmehr davon überzeugt, dass die Realität von mythischen Konstellationen durchdrungen ist. Koeppen hat in mehreren Interviews an seiner Weltsicht keine Zweifel gelassen. Im Gespräch mit dem Schriftsteller Horst Bienek bekannte er: »Ich sehe die Welt pandämonisch«, also von Dämonen aller Art bevölkert (Einer, S. 23); und gegenüber dem Literaturwissenschaftler und Publizisten Heinz Ludwig Arnold erklärte er: »Ich glaube an die Realität der Mythologie.« (Einer, S. 113) Wie sich am funktionalen Einsatz der Gestalten aus der homerischen *Odyssee* erkennen lässt, besitzt der Mythos für Koeppen einen die Realität erschließenden Charakter. Diese Überzeugung manifestiert sich in *Tauben im Gras* in der spezifischen Form der produktiven Aneignung der *Odyssee*. Mit der Figur des Odysseus verfährt Koeppen erkennbar anders als mit den zahlreichen bloß situativ assoziierten mythologischen Gestalten. In diesem Fall gewinnt der Mythos eine formative ästhetische Qualität. Er gewinnt sie durch den raffiniert verborgenen intertextuellen Bezug auf das Epos von Homer. Damit zeigt sich, dass Koeppens Umgang mit dem Mythos von der völligen Auflösung bis zur interpretierenden Neuformulierung reichen kann.

Intertextualität und Paratext

Intertextualität bezeichnet ein Verhältnis zwischen (mindestens) zwei Texten, in dem der spätere auf den früheren nachhaltig Bezug nimmt. Es handelt sich also nicht darum, dass ein früherer Text (oder auch ein Autor) ab und zu zitiert wird, sondern von Intertextualität spricht man nur dort, wo ein anderer Text oder Autor von struktureller oder dichtungstheoretischer Bedeutung für den untersuchten Text ist.

Im Falle der Beziehung zwischen der Odysseus-Gestalt bei Koeppen und bei Homer liegt ein solches strukturelles Verhältnis vor. Auf die Funktion der gleichsam ein Zelt bildenden Gesangsstimme aus dem Kofferradio, die dem Schutz entspricht, den Homers Odysseus seitens der Göttin Pallas Athene genießt, wurde bereits hingewiesen; ebenso auf die Koeppens Figur zugesprochene Eigenschaft der List und seinen sicheren Kurs durch die sich an ihn drängenden Schlepper und Händler, die die Meerenge zwischen Scylla und Charybdis nachbilden (vgl. S. 69 dieses Bands). Auch die erwähnte Beziehung zwischen Josef und Odysseus' Hund Argos (vgl. S. 70 dieses Bands) gehört hierher. Zu ergänzen ist noch der Aufstieg auf den Domturm, der in Form einer Inversion dem Abstieg des homerischen Odysseus ins Totenreich korrespondiert. Der homerische Odysseus begegnet dort seiner verstorbenen Mutter, während der Odysseus von Koeppen in seiner Dschungelvision die verlorene ›Mutter Afrika‹ erblickt.

Schließlich wird sich zeigen (vgl. S. 105–108 dieses Bands), dass das Ende der Episode von Odysseus und Susanne ebenfalls in einem direkten umgekehrten Verhältnis zur *Odyssee* steht, indem es das Motiv der Heimfahrt durch das der Ausfahrt ersetzt. Koeppen benutzt den Mythos hier also als strukturbildendes Element für einen zentralen Erzählstrang seines Texts, der eine wichtige Rolle für dessen existenzialistische Perspektivierung erfüllt.

Typisch für modernes Erzählen sind die zahlreichen Bezugnahmen in *Tauben im Gras* auf andere Literatur. Sie erfolgen häufig explizit durch Nennung eines Autorennamens in Verbindung mit einem wörtlichen Zitat oder einem einschlägigen Buchtitel (etwa Baudelaire, Benn, Rimbaud, Heidegger, S. 34; Kierkegaard, Sartre, Gide, S. 35; Kafka, S. 46; Rilke, Proust, S. 152; George, S. 222). In anderen Fällen ist die Anspielung versteckter und erschließt sich nur einem Leser mit hinreichendem literaturgeschichtlichen Wissen: etwa »Caliban« (Shakespeare, S. 23); »mir schlug die Stunde nicht« (Hemingway, S. 152); »wer-die-Schönheit-angeschaut-mit-Augen-ist-dem-Tode-schon-anheimgegeben« (Platen, S. 224). All diese Nennungen und Anspielungen haben den Status von Paratexten, das heißt, sie dienen dazu, ein geistiges Koordinatensystem zu schaffen, das die kulturelle beziehungsweise intellektuelle Prägung der Romanfiguren präzisiert.

»Essenz des Daseins« – Literatur als Expedition auf den ›Kontinent Mensch‹

Das Ziel von Koeppens Schreiben bescheidet sich nicht mit der exakten Schilderung eines exemplarischen Tags im Nachkriegsdeutschland, wobei er einen Querschnitt durch soziale Schichten und nationale Gruppen liefert. Es bescheidet sich auch nicht mit der Evokation eines gesellschaftlichen Klimas, das die Handlungen des einen Tags in den Horizont von Einstellungen rückt, die aus der Zeit des Dritten Reichs stammen. Was Koeppen anstrebt, ist der Versuch, aus dem Handeln und Denken seiner Figuren die Grundbausteine des menschlichen Verhaltens zu destillieren, wie sie immer und überall Geltung besitzen. Der Figurenreichtum seines Romans dient nicht zuletzt dazu, auf breiter empirischer Basis zu gesicherten Einsichten in das, was den Menschen antreibt und bewegt, zu gelangen.

München im Frühjahr 1954, Senefelderstraße: Kontaktaufnahme zwischen deutschem Straßenmädchen und amerikanischen GIs.

Tauben im Gras ist dabei als erste Expedition auf den zu erkundenden ›Kontinent Mensch‹ anzusehen, der bald zwei weitere in Gestalt der Romane *Das Treibhaus* (1953) und *Der Tod in Rom* (1954) folgten. *Das Treibhaus* rückt die Unvereinbarkeit von moralischer Integrität und politischer Praxis am Beispiel eines Bundestagsabgeordneten in Bonn, der Hauptstadt der jungen Bundesrepublik Deutschland, in den Mittelpunkt; *Der Tod in Rom* vertieft das Thema des Fortbestands nationalsozialistischer Einstellungen nach 1945 entlang der Aktivitäten eines fiktiven SS-Generals. Koeppens Menschenbild betont die Schattenseiten der Existenz, es lässt der Realisierung des Anspruchs auf individuelle Autonomie wenig Chancen, hält aber unverbrüchlich an ihm fest.

Das große, böse, so sehr sanfte Einhorn KOEPPEN schreitet mit offenen (weißen) Nüstern durch das Finstre und tritt die Welt mit Hufen dort, wo sich der Schmerz befindet. Das stille Tier träumt ohne Unterlaß von seiner ersten Liebe, doch gegen Morgen besuchen es die Alpträume aus dem Treibhaus, der irrenden Welt. Die Tauben in Rom sind seine Schwestern und der Tod im Gras sein Bruder: vae victis!

Jens Rehn, Das neue Bestiarium der deutschen Literatur. Mit Originalgraphiken von Bert Gerresheim. Stierstadt/Ts.: Eremiten-Presse 1963 (Broschur 16), S. 28

IV Exemplarische Interpretationen

1 Bräuhaus

Das Bräuhaus fungiert als einer von drei Fluchtpunkten – neben dem Amerikahaus und dem ›Negerclub‹ –, an denen einige Figuren des Romans zusammengeführt werden. Hierhin kommen Christopher Gallagher und sein Sohn Ezra, Richard Kirsch mit einer deutschen Bekanntschaft, Frau Behrend und ihr Enkel Heinz. Als sie dort nacheinander eintreffen, tobt die »Volks- und Völkergemeinschaft« (S. 198) bereits vor Gemütlichkeit. Die aus alten Herren in kurzen Lederhosen bestehende Oberländer-Kapelle spielt Schlager und Volkslieder, die die Gäste kennen und lauthals mitsingen. Wenn jemand der Kapelle eine Lage spendiert, spielt sie bereitwillig »den Badenweiler Marsch, den Lieblingsmarsch des toten Führers« (S. 199). Die Begeisterung, die der Marsch auslöst, greift auch auf die anwesenden Amerikaner über:

> Der Marsch war die Musik der jungen und verhängnisvollen Geschichte. Der Saal hob sich wie eine einzige geschwellte Brust der Begeisterung von den Plätzen. Es waren nicht Nazis, die sich da erhoben. Es waren Biertrinker. Die Stimmung allein machte es, daß alle sich erhoben. Es war nur eine Gaudi! Warum so ernst sein? warum an Vergangenes, Begrabenes, Vergessenes denken? Auch die Amerikaner wurden von der Stimmung mitgerissen. Auch die Amerikaner erhoben sich. (S. 199 f.)

In diese Stimmung dringt das Gerücht von Josefs Ermordung durch einen schwarzen Soldaten ein, »aber die Fama hatte aus dem Dienstmann einen Taxifahrer gemacht. Ein Dienstmann schien der Fama ein zu armes Opfer für einen Mord zu sein.«

(S. 199) Die Reaktion der deutschen Bräuhausbesucher zeigt, dass die Bierlaune so harmlos nicht ist. Der Erzähler nimmt das zum Anlass, über die Wirkung des Nationalgetränks Bier zu räsonieren: »Bier hebt in Deutschland das nationale Bewußtsein. In andern Ländern regt Wein, in manchen vielleicht Whisky den Nationalstolz an. In Deutschland ist das Bier der die Vaterlandsliebe belebende Stoff: ein dumpfer, ein nicht erhellender Rausch.« (S. 199)

In diese Atmosphäre wird Frau Behrend eingeführt wie ein katalysatorischer Stoff, der wie in einem Experiment zu einer heftigen chemischen Reaktion führt. Sie sucht Richard Kirsch und fixiert daher die anwesenden amerikanischen Soldaten. Ihre Gedanken zeigen noch einmal schön Koeppens Methode, die nationalistische Borniertheit ihres Bewusstseins zu demonstrieren: »Fast an jedem Tisch saß ein Amerikaner. Sie saßen da wie unsere Soldaten, fast wie die Soldaten der Wehrmacht; sie saßen nur in schlechterer Haltung, sie saßen bequem und nicht zackig da. ›Zu viel Freiheit verwildert‹ dachte Frau Behrend. […] ›Was die für Soldaten haben, es sind nur ihre Autos und ihre Flugzeuge die gesiegt haben.‹ « (S. 200 f.) Indem Frau Behrend allein die technische Ausstattung der US-Army zum entscheidenden Faktor für ihren militärischen Sieg erklärt, hält sie an der nationalistischen Überzeugung von der Überlegenheit des deutschen Soldaten fest. Ihre Position setzt so die Propaganda nach dem Ersten Weltkrieg vom ›im Felde unbesiegten Heer‹ in einer technisierten Variation auch nach dem Zweiten Weltkrieg fort.

Ihr Auftritt spitzt die Situation nach und nach zu. »Frau Behrend drängte sich durch die Reihen. Sie suchte Richard, den jungen amerikanischen Verwandten, den Sohn des Paketeschickers, man konnte nicht wissen, vielleicht kam wieder eine schlechte Zeit, *Konflikt verschärft sich*« (S. 200). Koeppen setzt hier seine Montage-Technik auf eine geniale Weise ein.

Die dem Klima des Kalten Kriegs entnommene Zeitungsschlagzeile dient nicht allein dazu, Frau Behrends Motiv, mit Richard Kontakt zu suchen, zu kontextualisieren, sie erfüllt gleichzeitig die Funktion, die Wirkung des Auftritts von Frau Behrend in dieser Situation zu kommentieren. Mit dem Erscheinen von Frau Behrend im Bräuhaus verschärft sich die Konfliktlage. Auch Frau Behrend geht unter die Biertrinker. Der ihr ungewohnte Alkohol trägt dazu bei, dass sie der Äußerung ihrer Gesinnung freien Lauf lässt. Ermuntert wird sie dazu von zwei kahlköpfigen Geschäftsleuten, die keine Farbigen zu ihrer Kundschaft zählen. Ihrer Zustimmung kann Frau Behrend gewiss sein, als sie empört auf das Gerücht über die Ermordung eines Taxifahrers durch einen schwarzen Soldaten reagiert. »Die Fama erreichte Frau Behrend. Ein Neger hatte gemordet, Neger waren Verbrecher [...] ›Es ist eine Schande‹, sagte Frau Behrend. ›Sie sind wie die wilden Tiere. Sie sind wie wilde reißende Tiere. Man sieht es ihnen ja an. Ich könnte Ihnen Geschichten erzählen.‹ « (S. 205)

Die Geschäftsleute honorieren Frau Behrends »anständige Gesinnung« (S. 205) mit der Bestellung von Bier und Schnaps. An ihrer fortschreitenden Enthemmung ist zudem ihr Enkel Heinz beteiligt, der sich in das Bräuhaus geschlichen hat. Aus seiner »Wildtöter«-Perspektive gleicht der aufgeheizte Saal einer von Büffelherden wogenden Prärie (vgl. S. 203 f.). Als er in der Menge Frau Behrend entdeckt, schüttet er der ungeliebten Großmutter heimlich das volle Schnapsglas ihres Nachbarn ins Bier.

In dieser Situation erreicht die Bräuhausgäste das Heulen der Polizeisirenen und entzündet »die Biergeister«. Ein neues Gerücht entsteht. Es hat die Qualität der Gräuelpropaganda des Weltkriegs. »Die Neger hatten ein neues Verbrechen begangen. Sie hatten ein Kind in die Ruinen gelockt und es erschlagen. Die Polizei war am Tatort. Die verstümmelte Leiche des Kindes war gefunden worden.« (S. 208) Nun schlägt die Gaudi endgültig um in ›Volkszorn‹. Die aufgeheizte Stimmung im Bräuhaus verwandelt die Anwesenden in jene »kochende Lache aus Bockbier und Blut«, die Hans Magnus Enzensberger in seinem *Gedicht für die Gedichte nicht lesen* aus seinem Band *landessprache* (1960) beschrieben hat. Die Meute setzt sich in Richtung des ›Negerclubs‹ in Bewegung. Ihr ist das Gerücht willkommener Anlass, Rache zu üben. »Vielen war der Negerclub ein Ärgernis. […] Die Neger in Uniform, ihr Club, ihre Mädchen, waren sie nicht ein schwarzes Symbol der Niederlage, der Schmach des Besiegtseins, waren sie nicht das Zeichen der Erniedrigung und der Schande?« (S. 208)

In dieser zugespitzten Situation zerfällt auch der Schulterschluss mit den weißen Amerikanern, mit denen man gerade noch gemeinsam geschunkelt und gesungen hat. Christopher, dem es bis zu diesem Augenblick im Bräuhaus sehr gut gefallen hat (vgl. S. 200), wird mit der Aufkündigung der fragilen »*Fraternization*« (S. 200) konfrontiert: »Christopher […] fragte: ›Was ist los? Warum rennen sie alle?‹ Der Mann, mit dem Christopher Rettich gegessen hatte, sagte: ›Die Nigger haben ein Kind umgebracht. Ihre Nigger!‹ « (S. 208 f.)

In die Schreie der »Volksstimme« »Schluß mit der Niggermusik« stimmt Frau Behrend mit ihrem »Schluß, Schluß« ein (S. 209). Aus der Mitte der Menge werden die ersten Steine gegen die Scheiben des ›Negerclubs‹ geworfen. Die Scherben führen allerdings zu einer vorübergehenden Ernüchterung:

> Die Älteren fühlten sich an etwas erinnert; sie fühlten sich an eine andere Blindheit, an eine frühere Aktion, an andere Scherben erinnert. Mit Scherben hatte es damals begonnen, und mit Scherben hatte es geendet. Die Scherben, mit denen es endete, waren die Scherben ihrer eigenen Fenster gewesen. (S. 216)

Gemeint ist mit dieser früheren Aktion die Reichspogromnacht vom November 1938, in der die Scheiben vieler jüdischer Geschäfte und Wohnungen zu Bruch gingen, als die nationalsozialistische SA einen von Goebbels zentral gesteuerten Schlag gegen die jüdische Bevölkerung in Deutschland führte. Im Bewusstsein der hier genannten »Älteren« erscheint diese Aktion als Vorspiel zum Zweiten Weltkrieg, an dessen Ende die Zerstörung der eigenen Wohnungen stand. Es tritt eine Situation der gespannten Ruhe ein. Die Meute umlagert den ›Negerclub‹, innen hat Herr Behrends Kapelle aufgehört zu spielen, die anwesenden schwarzen Soldaten sind wie gelähmt. »Sie fürchteten nicht die Deutschen. Ihr Schicksal, das sie verfolgte, die lebenslängliche Verfolgung, die sie auch in Deutschland nicht freigab, verfinsterte und lähmte sie. [...] Sie würden kämpfen, sie würden in ihrem Club kämpfen, aber die Lähmung hinderte sie, sich in das Meer zu stürzen, in das Meer der weißen Menschen« (S. 216).

Die Situation, die eingetreten ist, könnte man mit den letzten Worten von *Tauben im Gras* eine »Atempause auf einem verdammten Schlachtfeld« (S. 228, vgl. auch S. 9 f.) nennen. Die stillgelegte Dynamik der Aktion bedarf der Initiative eines Einzelnen, um erneut entbunden zu werden. »Noch einen Augenblick lang zögerte die Menge. Der Führer fehlte.« (S. 208) In diese erwartungsvolle Spannung hinein platzt Frau Behrend mit ihrem spontanen Ausruf »Da ist er!« (S. 217), als sie den von ihr verachteten Washington erblickt. Sie will nicht bewusst zur Eskalation der Situation beitragen, aber ihr Schrei erfüllt objektiv die Funktion des Startsignals. Ihr ist die Rolle des Führers zufällig zugefallen; und ihr liegt nichts daran, den Irrtum der Menge zu korrigieren, die ihren identifizierenden Ausruf auf den gesuchten farbigen Mörder bezieht. So wird Frau Behrends Ruf der Auslöser des katastrophalen Showdowns zwischen Bräuhaus und ›Negerclub‹:

> Aus dem Club kamen Washington und Carla. Sie gingen zu ihrem Auto. »Da ist er!« rief Frau Behrend. »Wer ist das?« riefen die kahlköpfigen Geschäftsmänner. Frau Behrend schwieg. Sollte sie ihre Schande hinausschreien? »Ist es der Taximörder?« fragte der eine Kahlkopf. Er leckte sich die Mundwinkel. »Da geht der Taximörder«, rief der zweite Kahlkopf. »Die Frau sagt, es ist der Taximörder. Sie kennt ihn!« Dem zweiten Kahlkopf stand der Schweiß im Gesicht. Eine neue Welle der Wut schäumte aus der Menge. Die zerbrochenen Fenster hatten sie ernüchtert, aber da sie menschliches Wild sahen, erwachten ihre Jagdinstinkte, die Verfolgungswut und das Tötungsgelüste der Meute. Pfiffe gellten, »der Mörder und seine Hure« wurde gerufen, und wieder flogen die Steine. Die Steine flogen gegen die horizontblaue Limousine. Sie trafen Carla und Washington, sie trafen Richard Kirsch, der hier Amerika verteidigte, das freie, brüderliche Amerika, indem er den Gefährdeten beistand, die ruchlos geworfenen Steine trafen Amerika und Europa, sie schändeten den oft berufenen europäischen Geist, sie verletzten die Menschheit, sie trafen den Traum von Paris, den Traum von Washington's Inn, den Traum *Niemand ist unerwünscht*, aber sie konnten den Traum nicht töten, der stärker als jeder Steinwurf ist, und sie trafen einen kleinen Jungen, der mit dem Schrei »Mutter« zum horizontblauen Wagen gelaufen war. (S. 217 f.)

Was die Bräuhaus-Szene insgesamt vorführt, ist der Umschlag von bierseliger Sentimentalität in (rassistische) Gewalt. Sie zeigt, wie dünn die Haut scheinbar friedlicher Koexistenz ist, wie rasch Intoleranz, Ressentiment und kaum verhehlter Hass wieder gewaltsam zum Ausbruch kommen können, wenn kein wirklicher Wandel im Bewusstsein der breiten Bevölkerung erfolgt ist. Die Beteuerung, dass der Traum von Washington's Inn und sein Motto *Niemand ist unerwünscht* als Utopie fortbestehen werden, klingt an dieser Stelle ein wenig der eigenen Skepsis abgepresst. Schon die syntaktische Einrahmung durch die tödlichen Steinwürfe auf Washington, Carla und Richard einerseits sowie auf Heinz andererseits untergraben ihre Plausibilität. Die Wahrheit dieser Beteuerung vonseiten des Erzählers dürfte darin bestehen, dass die Idee des *Niemand ist unerwünscht* eben gerade nur in der Form des Traums unauslöschlich ist. In der gesellschaftlichen Realität hat sie jedoch keine Chance. Die Erfüllung von Träumen kann nur, wie wir gleich sehen werden, jenseits der Gesellschaft realisiert werden.

Raum- und Figurenkonstellation zu den exemplarischen Interpretationen

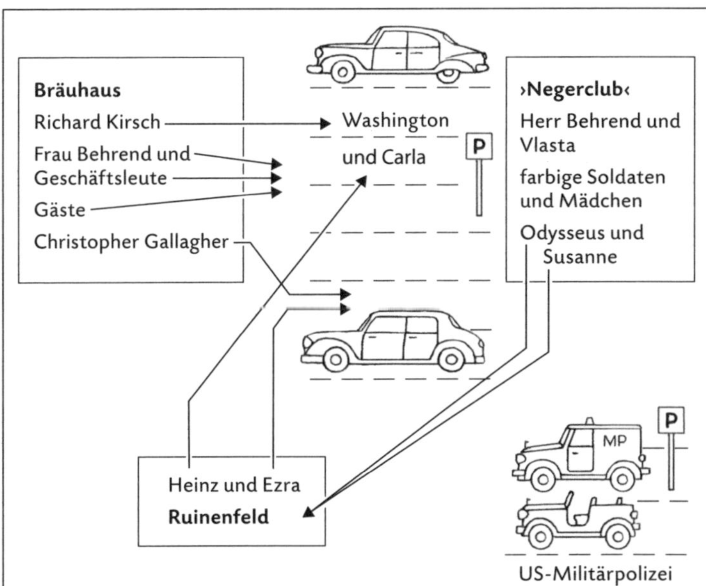

2 ›Negerclub‹ und Ruinen

Der ›Negerclub‹ ist das ehemalige Café Schön, das dem Bräuhaus gegenüberliegt. Mit dem Amerikahaus bildet es das topographische Dreieck, in dem die Handlung kurz vor Schluss kulminiert. Dort werden die drei interkulturellen Paare zusammengeführt, die sich gebildet haben: Washington und Carla, Odysseus und Susanne, Herr Behrend und Vlasta. Washington und Carla erleiden, wie gerade gesehen, einen tragischen Tod. Herr Behrend und Vlasta bleiben während der Eskalation der Gewalt im Clubhaus. Behrend ist als ehemaliger Obermusikmeister der deutschen Wehrmacht in die Dienste des Clubs getreten, weil der »arm« (S. 193) ist und sich keine amerikanische Kapelle leisten kann. Die Art, wie Behrend seine Musiker spielen lässt, verrät seine Herkunft: »Die Kapelle spielte Dixieland. Unter der Stabführung des Musikmeisters spielte sie eine der ersten Jazzkompositionen, deutsch und romantisch in der Weise des Freischütz.« (S. 194) Sein Stil kommt bei den schwarzen Soldaten aber insgesamt recht gut an, Susanne ist hingegen das Tempo zu gemächlich: »Die Kapelle entsprach nicht dem, was Susanne schräge Musik nannte. Sie wollte Wirbel, sie wollte Rausch; sie wollte sich dem Wirbel und dem Rausch hingeben.« (S. 195)

Herr Behrend und seine Freundin Vlasta haben hier eine Art Schutzzone für ihre Beziehung gefunden. Sie lächeln einander zu, während Behrend dirigiert und Vlasta näht.

> Sie hatten ein Geheimnis: sie hatten sich gegen die Welt gestellt und sich behauptet; […]. Vlasta hatte sich von allem losgesagt; sie hatte sich von ihrem Vaterland losgesagt; und Herr Behrend hatte sich von vielem losgesagt; […] sie fühlten sich beide losgelöst, sie waren frei, sie waren glücklich. (S. 194)

Behrend und Vlasta ist das Kunststück gelungen, innerhalb des gesellschaftlichen Raums eine Art Enklave für sich geschaffen zu haben, einen von ihrer Liebe erzeugten Kokon der Zweisamkeit, der wie eine Schutzhülle und wie eine Tarnkappe funktioniert. Im Innern dieser Liebeszelle spielt sich ihr Leben in der Form eines glücklichen Alltags ab. Was sie als Alternative gegen die Welt errichtet haben, ist eine zivile und gemäßigte Variante des Ausstiegs. Ihr leicht domestizierter, ihr temperierter Charakter dokumentiert sich im »gemächliche[n] Tempo« (S. 195) von Behrends Stabführung und der »Näharbeit« (S. 194) seiner Freundin.

In Odysseus und Susanne begegnet der Leser dann der leidenschaftlichen und naturhaften Variante dieses Ausstiegs. Von Susanne heißt es: »Susanne haßte die Welt, von der sie sich ausgestoßen und mißbraucht fühlte. Susanne liebte jeden, der sich gegen diese hassenswerte Welt wandte, der ein Loch in ihre kalte grausame Ordnung schlug.« (S. 195) Odysseus wird als »jung, lendenstark, unschuldig, tierhaft« (S. 40) vorgestellt. Ihre Vereinigung besitzt eine andere Sprengkraft als das – pointiert gesagt – spießige und eingesponnene Paradies von Herrn Behrend und Vlasta.

Die mythologische Überbestimmung von Susanne macht deutlich, dass es Koeppen nicht um eine konsistente (widerspruchsfreie) Neuschöpfung einer mythologischen Gestalt geht. Andererseits lässt der Erzähler auch keinen Zweifel daran, dass sich Susanne im Moment ihrer Begegnung mit Odysseus in diese »uralte[n] Wesen« (S. 157) der homerischen *Odyssee* verwandelt. Im Verlauf ihrer Begegnung mit Odysseus füllt sie die Funktionen der ihr vom Erzähler zugeschriebenen mythischen Gestalten aus. In ihrer Rolle als Sirene agiert sie, wenn Odysseus auf ihre Lockung hin im ›Negerclub‹ Zuflucht sucht: »Er hatte sich in den Club gewagt. Er hatte sich ihretwegen aus Verstecken hervor an Polizeischlingen vorbei in den Club gewagt, Susanne hatte gewußt, daß Odysseus kommen würde; sie hatten sich mit einem Wort, einem Ruf verständigt, und er war gekommen.« (S. 203) Als kurz darauf der Steinhagel des Bräuhauspöbels die Scheiben des Clubs zersplittern lässt und Polizeisirenen sich nähern, schlüpft Susanne in die nächste mythologische Rolle und führt Odysseus in ihr Reich, wie Nausikaa bei Homer dem Helden den Weg zum Königspalast wies: »Die Sirenenwagen der Polizei rückten an. […] ›Komm‹, sagte Susanne. Sie kannte einen Ausweg. Sie nahm Odysseus an die Hand. Sie führte ihn durch einen dunklen Gang, an Mülltonnen vorbei über einen Hof und zu einer niedrigen eingestürzten Mauer. […] Sie tasteten sich durch eine Ruine« (S. 217). Schließlich erreichen sie eine »Kammer, die sich windig auf ein paar Balken stützte und fast wie ein kleiner Balkon über der Tiefe schwebte« (S. 223). An diesem Un-Ort, diesem Utopia, vollenden sie ihre körperliche Vereinigung, die sie symbolisch bereits auf der Tanzfläche des Clubs vollzogen hatten:

> Susanne, die Kirke und die Sirenen und vielleicht auch Nausikaa war, hielt Odysseus umschlungen. Zur Hot-Weise des Musikmeisters glitten sie wie ein Leib im Tanz über das Parkett, wie eine vierfüßige sich windende Schlange. […] Nie würden sie sich aus dieser Umschlingung lösen. Die Schlange hatte vier Beine und zwei Köpfe, ein weißes und ein schwarzes Gesicht, aber nie würden die Köpfe sich gegeneinander wenden, nie die Zungen gegeneinander geifern: sie würden sich nie verraten, die Schlange war ein Wesen gegen die Welt. (S. 203)

Sowohl die Schlangen-Metapher als auch das Motiv der Isolation und Abschließung werden im Schlussbild der letzten

Deutsche Frau und afro-amerikanischer GI tanzen im Münchner Birdland-Club gemeinsam Twist. Aufnahme vom Januar 1961.

Odysseus-Sequenz wieder aufgenommen und gesteigert: »Sie lagen zusammen, weiße Haut, schwarze Haut, [...] nackt weiß und schwarz, sie lagen wie auf einem Floß, im Taumel der Vermischung lagen sie wie auf einem Floß, nackt und schön und wild, sie lagen unschuldig auf einem Floß, das in die Unendlichkeit segelte.« (S. 223) Die Deutung der über der Tiefe schwebenden, offenen Kammer als Floß steht in engem Bezug zum fünften Gesang der homerischen *Odyssee*, in dem sich Odysseus ein Floß baut, um nach den langen Jahren des unfreiwilligen Aufenthalts auf der Insel Ogygia bei der Nymphe Kalypso die Heimfahrt anzutreten. Zwar zerstört der ihm zürnende Poseidon das Floß, aber er kann seine Landung im Land der Phäaken nicht verhindern. Mit dem Floß also, wenn es ihn auch nicht selbst nach Ithaka bringen kann, beginnt nach den Jahren der Irrfahrt und der Verbannung die Heimkehr des Odysseus.

In direktem Gegensatz dazu steht die Anverwandlung des Floß-Motivs bei Koeppen, wo es gerade nicht zur Heimfahrt, sondern zum Aufbruch in die Unendlichkeit dient. Die Ersetzung des Motivs der Heimkehr durch das Motiv der unendlichen Fahrt könnte man als existenzialistische Umkehrung des Mythos bezeichnen.

Der Erzähler gewährt diese Utopie nur dem weltabgewandten Paar Susanne und Odysseus, während die soziale Utopie von Carla und Washington im Steinhagel der Bräuhausbesucher zuschanden wird.

Das Medium, das ihnen erlaubt, als »ein Wesen gegen die Welt« (S. 203) jede gesellschaftliche Zurichtung ihrer Kommunikation zu verhindern, sind ihre Körper. Ihr Weg zueinander erfolgt rein körpersprachlich, angefangen von dem Wink Odysseus' in der Wirtschaft und Susannes Umarmung über die symbolische Vereinigung im Tanz bis zu jenem unschuldigen »Taumel der Vermischung« (S. 223) auf dem Boden der Kammer. Mit Blick auf den sprachkritischen Totalverdacht in *Tauben im Gras*, wie er jedenfalls die Kommunikationsleistung der gesprochenen Sprache trifft, erscheint die Gründung der zwischenmenschlichen Beziehung auf die rein körpersprachliche Dimension geradezu als Bedingung ihres Gelingens. Die Körpersprache und zumal diejenige der Erotik ist die einzige, die eine gelingende Kommunikation jenseits sozialer Reglements und kultureller Kodierung (eingeschliffener Handlungsmuster) zulässt. Daher muss das gesellschaftliche Projekt von ›Washington's Inn‹ Traum bleiben, während die weltverneinende Vereinigung von Schwarz und Weiß, die Odysseus und Susanne praktizieren, sich gegen die feindliche Umwelt behaupten kann.

V Literaturgeschichtliche Einordnung

Wolfgang Koeppens Roman *Tauben im Gras* erschien im Jahr 1951. Damit gehört er in den zeitlichen Kontext der Nachkriegsliteratur. Literaturgeschichtlich nimmt Koeppens Roman allerdings eine Sonderstellung ein. Er lässt sich keiner der dominierenden Strömungen innerhalb der frühen Nachkriegsliteratur zuordnen.

In der Literatur des ersten Jahrzehnts nach dem Ende des Zweiten Weltkriegs (8. Mai 1945) kann man wenigstens fünf wichtige Tendenzen unterscheiden, deren Wurzeln zum Teil bis in die Zeit vor dem Beginn (1933) des Dritten Reichs zurückreichen.

1. Vorwiegend aus dem Kreis der Autoren der Inneren Emigration ging die christliche Abendlandliteratur hervor. Autoren der Inneren Emigration nannte man diejenigen, die während der Herrschaft des Nationalsozialismus in Deutschland geblieben waren, ohne sich zu dessen Weltanschauung zu bekennen. Sie hatten versucht, unverfängliche Texte zu publizieren, oder ganz auf Veröffentlichungen verzichtet. Einige hatten auch Schreibverbot erhalten. Sie waren überzeugt, dass der Nationalsozialismus vor allem Resultat eines Werteverlusts war und es darauf ankäme, verbindliche ethische Normen in der Gesellschaft zu verankern, um einen Rückfall in die Barbarei zu verhindern. Mit ihrem Schreiben wollten sie an der Wiederherstellung eines christlichen Fundaments mitwirken und bezogen sich auf die humanistischen Traditionen der abendländischen Kultur. Zum Schlagwort dieser geistigen Tendenz wurde der Titel des Buchs *Verlust der Mitte* (1948) des Kunsthistorikers Hans Sedlmayr, in dem die These vertreten

wurde, dass die Gegenwart einer Kunst und Literatur bedürfe, die im Sinne der Antike den Mensch zum Maß aller Dinge machen solle. Sedlmayr wandte sich mit seiner Kritik an aller ästhetischen Verzerrung und Verabsolutierung des Artistischen dezidiert gegen die Kunst der Moderne. Die wichtigsten literarischen Autoren dieser Strömung waren Ernst Wiechert (1887–1950) und Stefan Andres (1906–1970). Dessen beachtetstes Werk war die schon 1943 in verdeckter Schreibweise veröffentlichte Novelle *Wir sind Utopia*. Große Aufmerksamkeit erregte auch Wiecherts Bericht *Der Totenwald* (1946), in dem er seine Haft im KZ Buchenwald beschreibt. Beide Autoren vertraten ein kulturkonservatives Christentum.

2. Ebenfalls vorwiegend von Autoren der Inneren Emigration getragen war der Magische Realismus. Der Magische Realismus ist realistisch, insofern sein Ziel eine präzise, transparente, detailreiche Erfassung der Welt ist, und er ist magisch, insofern das dabei entstehende Gesamtbild bei aller Konturschärfe rätselhaft bleibt. Typische Merkmale sind Ort- und Zeitlosigkeit des Erzählten, übersteigerte Detailgenauigkeit, ein Zug zum Statischen und Undurchschaubarkeit des Geschehens. Die wichtigsten Vertreter dieser Strömung waren Hermann Kasack (1896–1966) und Ernst Kreuder (1903–1972). Kreuders lange Erzählung *Die Gesellschaft vom Dachboden* (1946) und sein Roman *Die Unauffindbaren* (1948) spielen beide mit dem Modell einer Geheimgesellschaft, die im Rückbezug auf den Geist der Romantik eine künstlerische Existenz als Fluchtraum vor der trostlosen Wirklichkeit anbietet. Kasacks Roman *Die Stadt hinter dem Strom* (1946) war der Erfolgstitel dieser Strömung. Er führte in eine Totenstadt, die in vielen Details der realen Trümmerlandschaft ähnelte, und übte scharfe Kritik am europäischen Rationalismus, den er für die zurückliegende geschichtliche Katastrophe verantwortlich

machte. Zeitgenössisch beachtete Werke des Magischen Realismus waren weiterhin der 1946 erschienene Roman *PLN. Die Passionen der halykonischen Seele* des Romanisten Werner Krauss (1900–1976) und der Roman *Nein – Die Welt der Angeklagten* des später bekannten Publizisten Walter Jens (geb. 1923) von 1950. Krauss, der den Roman in den Jahren 1943/1944 während seiner Haft in Plötzensee und im Wehrmachtsgefängnis schrieb, schildert darin anhand der skurrilen Gestalt des Postministers Schnipfmeyr das Scheitern eines geschichtlich überholten Typus bildungsbürgerlichen Bewusstseins in einem totalitären Staat. Der Roman von Jens spielt 22 Jahre nach einem Krieg, aus dem ein einziger totalitärer Weltstaat hervorgegangen ist.

3. Kahlschlag- oder Trümmerliteratur nennt man die Schreibweise, die von den Vertretern der jungen Generation bevorzugt wurde. Es waren Autoren, die oft durch eine Jugend im Dritten Reich und jahrelange Teilnahme am Zweiten Weltkrieg geprägt waren. Die Vergewaltigung der Sprache durch die Propagandamaschine des Nationalsozialismus hatte ihnen jedes Pathos zutiefst verdächtig gemacht. In den Gefangenenlagern in den USA lernten sie den klaren, nüchternen Ton der amerikanischen Short Story (Ernest Hemingway) kennen und machten ihn zu ihrem eigenen Stil. Der unerträgliche und verlogene Bombast der ideologisch aufgeladenen Sprache sollte durch einen radikalen Kahlschlag beseitigt werden. Die Sprache sollte sich unter weitgehendem Verzicht auf schmückende Metaphern und Symbole der Wirklichkeit der Trümmerlandschaft stellen und die Gegenwart nüchtern und präzise beschreiben. Der Autor sollte eine nur der Wahrhaftigkeit verpflichtete Haltung einnehmen, wie Heinrich Böll es in seinem 1952 verfassten Aufsatz *Bekenntnis zur Trümmerliteratur* formulierte. Die wichtigsten Vertreter dieser Strömung sind

neben Böll (1917–1985) Alfred Andersch (1914–1980), Hans Werner Richter (1908–1993), Wolfdietrich Schnurre (1920–1989) und Walter Kolbenhoff (1908–1993). Andersch und Richter schufen mit der bereits in Amerika gegründeten Zeitschrift *Der Ruf* ein viel gelesenes Forum dieser Strömung, aus der schon bald die Gruppe 47 hervorging. Besonders gern bedienten sich die Kahlschlagautoren der Gattung der Kurzgeschichte, die für den deutschen Kontext neu und daher ideologisch unbelastet war. Sie bot zudem die adäquate Form für eine zeitnahe Gestaltung aktueller Beobachtungen. Die bedeutendsten Werke des unmittelbar nach Kriegsende einsetzenden Genres des Kriegsromans wie *Die Geschlagenen* (1949) von Richter und *Wo warst du, Adam?* (1951) von Böll lassen sich ebenfalls der Kahlschlagliteratur zurechnen.

4. Auf dem Hoheitsgebiet der Sowjetischen Besatzungszone (SBZ) entwickelte sich die Schreibhaltung des sozialistischen Realismus. Der marxistische Literaturtheoretiker Georg Lukács (1885–1971) hatte sie im Moskauer Exil der späten Dreißigerjahre konzipiert und trug sie in den beiden Werken *Fortschritt und Reaktion in der deutschen Literatur* (1947) und *Essays über Realismus* (1948) vor. Im Mittelpunkt stehen die drei Kategorien des Typischen, der Parteilichkeit und der Volksverbundenheit. Mit dem Typischen ist gemeint, dass das Allgemeine im Besonderen sichtbar wird und die Totalität des Lebens in einem richtig proportionierten Zusammenhang widergespiegelt wird. Parteilichkeit bedeutet die Darstellung der objektiven Wirklichkeit in ihrer revolutionären Entwicklung, das heißt, der historische Prozess soll im Sinne der marxistischen Geschichtsphilosophie transparent werden. In der Regel bedingt dies die Gestaltung eines positiven, sozialistisch gesinnten Helden, der den Leser zur Identifikation einlädt. Mit der Volksverbundenheit war die Verwurzelung in

der fortschrittlichen nationalen Tradition und das Vermeiden ›formalistischer‹, also aller nicht-realistischen Schreibweisen gemeint. Die vor dem Nationalsozialismus ins Exil geflohenen Autoren kehrten nach 1945 mehrheitlich in die SBZ beziehungsweise ab 1949 in die DDR zurück, weil sie sich dort mit ihrer antifaschistischen, häufig sozialistischen Gesinnung eher willkommen fühlten. Sie machten sich zumeist die Schreibweise des sozialistischen Realismus zu eigen. Der Roman *Die Toten bleiben jung* (1949) der aus dem mexikanischen Exil zurückgekehrten Anna Seghers (1900–1983) lieferte ein eindrucksvolles Modell dieser Richtung.

5. Als weltanschaulich weniger festgelegtes, gewissermaßen bürgerliches Pendant zum sozialistischen Realismus kann man schließlich noch den kritischen Realismus oder den realistischen Zeitroman anführen, für den etwa Thomas Manns (1875–1955) *Doktor Faustus* (1947) exemplarisch ist. Er knüpft an die Tradition des großen Gesellschaftsromans des 19. Jahrhunderts an (Balzac, Dickens, Fontane, Tolstoi) und bereichert ihn durch eine moderate erzähltechnische Modernisierung. Der Faust-Stoff diente Mann ab 1943 dazu, die geschichtliche Gegenwart Deutschlands zu reflektieren. Indem er die Biographie eines sensiblen, aber hochproblematischen Musikers erzählt, der seine Inspiration einem Teufelsbund verdankt, gestaltet er den Roman seiner Epoche und greift dabei auf musikalische Kompositionsprinzipien zurück. Er charakterisierte sein Werk selbst als ›konstruktive Musik‹. Zur Beschreibung seiner Technik, der Biographie des Musikers Versatzstücke aus dem Lebenslauf Friedrich Nietzsches zu unterlegen, brachte Thomas Mann den Begriff der Montage ins Spiel.

Wie kann man nun Wolfgang Koeppens Roman *Tauben im Gras* in diesem literaturhistorischen Feld situieren? Die frühe literaturwissenschaftliche Forschung hat Koeppens Text überwiegend in den Kontext des Zeitromans gestellt und ihn als gesellschaftskritischen Autor klassifiziert. Damit wird sicher etwas Richtiges gesehen, aber die Vielschichtigkeit von Koeppens Erzählweise nicht erfasst. Koeppen selbst hat in der zitierten Vorbemerkung zur Taschenbuchausgabe von 1956 (vgl. S. 81 dieses Bands) darüber hinausgewiesen, wenn er im Anschluss an Bernanos davon sprach, das Leben in seinem Herzen zu filtern, »um die geheime, mit Balsam und Gift erfüllte Essenz herauszuziehen«.

Koeppens Bezugnahme ist in doppelter Weise interessant und aufschlussreich. Zum einen zitiert er mit dem französischen Schriftsteller Georges Bernanos (1888–1948) einen Autor, der der christlichen Abendlandliteratur nicht ganz fernsteht. Allerdings, und das ist bezeichnend für Koeppens Bezugnahme, zählt Bernanos nicht zu den Autoren, die aus der Haltung der Glaubensgewissheit heraus der Gegenwart die Rückkehr zur christlichen Orientierung empfehlen. Bernanos gehört zur Fraktion der Zweifler, die nach der Erfahrung der geschichtlichen Katastrophen des 20. Jahrhunderts mit der Frage nach der Existenz Gottes ringen. In einem Werkstattgespräch mit seinem Schriftstellerkollegen Horst Bienek bekannte Koeppen 1962: »Ich glaube, mit aller Vorsicht, ich bin nicht gottlos.« (Zitiert nach: Einer, S. 28) Seine Äußerung zeigt, dass er wie viele Autoren der Moderne, die die Kirchen als institutionalisierte Verwalter des Glaubens radikal ablehnen, die Vorstellung eines göttlichen Wesens dennoch nicht rundweg verwerfen möchte. In diesem Sinne partizipiert auch Koeppen an der literarischen Überprüfung der christlichen Tradition. In *Tauben im Gras* stellt der Erzähler einmal, veranlasst durch ein Denkmal, die dialektische Reflexion an: »Die Geschichtsschreiber nannten den Kurfürsten den Frommen. In den Religionskriegen war er für den rechten Glauben ins

Feld gezogen. Seine Feinde kämpften ebenso für den rechten Glauben. In der Frage des Glaubens gab es dann auch keinen Sieger. Vielleicht war der Glaube allgemein besiegt worden, indem man um ihn kämpfte.« (S. 74)

Wesentlicher ist aber die mit dem Bernanos-Zitat in den Mittelpunkt gerückte Frage nach der Essenz des Lebens. Koeppen geht es mit seinem Schreiben um die Erhellung der menschlichen Existenz. Über sie Aufschluss zu gewinnen, ist das Ziel der ästhetischen Gestaltung seiner Texte, und die Durchdringung der gesellschaftlichen Wirklichkeit seiner Zeit erscheint ihm als das dafür geeignetste Mittel. Damit steht Koeppen in der Nähe des Existenzialismus, der in den späten 1940er- und in den 1950er-Jahren eine einflussreiche philosophische Strömung war. Er ging davon aus, dass der Mensch in eine Situation geworfen ist, in der er seine eigene Existenz erst selbst zu verwirklichen hat. Im Mittelpunkt stand die Idee der Freiheit, die vom Menschen die Entscheidung zum Selbstentwurf verlangt. Das Werk der französischen Existenzialisten Jean-Paul Sartre (1905–1980) und Albert Camus (1913–1960) wurde in Deutschland breit rezipiert und faszinierte auch zahlreiche Autoren.

Eine zentrale Stellung nahm dabei der Essay *Qu'est ce que la littérature? (Was ist Literatur?)* von Sartre aus dem Jahr 1947 ein. Er bildet einen wichtigen Bezugspunkt in Alfred Anderschs Essay *Deutsche Literatur in der Entscheidung* von 1948. Andersch unternimmt darin den Versuch einer Bestimmung der literaturgeschichtlichen Ausgangssituation der deutschen Schriftsteller nach dem Zweiten Weltkrieg. Er untersucht die Literatur der Inneren Emigration und des Exils, um so »die gesellschaftliche Lage des deutschen Intellektuellen zu erörtern, die historische und die metaphysische Position, in die er gestellt ist, und von der aus er seine Entscheidungen treffen muß« (Andersch Lesebuch, S. 114). Andersch verlangt von der jungen Autorengeneration eine künstlerische Formsuche auf der Grundlage eines ›temporären Nihilismus‹, der die ›kritische Untersuchung aller Wertsysteme‹ mit Nüchternheit und Leidenschaft betreibt. Einer solchen Aufgabenstellung dürfte sich auch Wolfgang Koeppen verpflichtet gefühlt haben, unabhängig davon, ob er diesen Text von Andersch kannte, was recht wahrscheinlich ist, oder nicht.

Die Frage, ob *Tauben im Gras* Berührungspunkte mit der westdeutschen Kahlschlagliteratur oder dem ostdeutschen sozialistischen Realismus aufweist, lässt sich eindeutig mit ›Nein‹ beantworten. Zwar siedelt Koeppen die Handlung seines Romans teilweise in Ruinen an, aber dieser Schauplatz macht sein Buch nicht zum Bestandteil von Trümmerliteratur. Sein metaphernreicher und assoziativer Stil ist das gerade Gegenteil des Stilideals der Kahlschlagautoren. Zudem sind Ruinen bei ihm nicht allein der Realität entnommene Orte, sondern besitzen eine darüber hinaus reichende symbolische Funktion für die gesellschaftliche Desintegration.

Vom sozialistischen Realismus trennt ihn über dessen Verpflichtung des Autors auf einen volksverbundenen Stil auch die weltanschauliche Ungebundenheit. An einer Stelle lässt der Erzähler Philipp über sein Verhältnis zum Marxismus nachdenken:

> [I]ch hätte Schriftsteller sein können, ich hätte auch Kommunist sein können, alles verfehlt, [...] ich verabscheue die Gewalt, ich verabscheue die Unterdrückung, ist das Kommunismus? ich weiß es nicht, die Gesellschaftswissenschaft: Hegel Marx die Dialektik die marxistisch-materialistische Dialektik – nie begriffen, Gefühlskommunist: immer auf der Seite der Armen sinnlos empört. (S. 152)

Philipps Reflexionen sind hier von Koeppens eigenen Erfahrungen gespeist. Auch er hat in Berlin in der Spätphase der Weimarer Republik aus spontaner Solidarität an großen Arbeiter- beziehungsweise Arbeitslosendemonstrationen teilgenommen, dabei aber ein Gefühl der Fremdheit nie überwinden können.

Aber ich sah den Dichter, den Schriftsteller bei den Außenseitern der Gesellschaft, ich sah ihn als Leidenden, als Mitleidenden, als Empörer, als Regulativ aller weltlichen Ordnung, ich erkannte ihn als den Sprecher der Armen, als den Anwalt der Unterdrückten, als den Verfechter der Menschenrechte gegen der Menschen Peiniger und selbst zornig gegen die grausame Natur und gegen den gleichgültigen Gott. Ich habe später von der engagierten Literatur reden hören, und es verblüffte mich dann schier, daß man aus dem Selbstverständlichen, so wie man atmet, eine besondere Richtung oder eine eigene Mode machen wollte. Der Schriftsteller ist engagiert gegen die Macht, gegen die Gewalt, gegen die Zwänge der Mehrheit, der Masse, der großen Zahl, gegen die erstarrte faule Konvention [...]. Ich gehöre zu einem Stand, der vor allen anderen berufen ist und sich nicht scheuen darf, wenn es sein muß, ein Ärgernis zu geben.

Wolfgang Koeppen, aus der Georg-Büchner-Preis-Rede von 1962.
In: Wolfgang Koeppen: Gesammelte Werke in sechs Bänden. Band 5. Frankfurt/M.: Suhrkamp Verlag 1986, S. 253–261, dort S. 257

Die Beziehung zum kritischen Realismus und zum realistischen Zeitroman ist sicher komplexer. Die massive Gesellschaftskritik, die in *Tauben im Gras* am restaurativen Klima der jungen Bundesrepublik geübt wird, ist dem Roman natürlich nicht äußerlich. Wut und Empörung über gesellschaftliche Verhältnisse sind konstitutive Antriebe für Koeppens Schreiben und schlagen sich in dessen satirischen und falsches Bewusstsein entlarvenden Zügen nieder. Es trifft auch sicher zu, dass ein Roman wie *Tauben im Gras* nur in dieser geschichtlichen Situation geschrieben werden konnte und von daher ganz ein Produkt seiner Zeit ist. Aber richtig ist auch, dass ihm Bedeutungsebenen eingeschrieben sind, die ihn von diesem zeitlichen Verhaftetsein ablösen. So ist es zum einen seine existenzialistische Dimension, die ihn vom Typus des Zeitromans abhebt. Sie lässt Koeppens *Tauben im Gras* etwa an die Seite von Jens Rehns (1918–1983) Erzählung *Nichts in Sicht* (1954) oder Alfred Anderschs Roman *Sansibar oder Der letzte Grund* (1957) treten. Zum anderen ist es die ästhetische Radikalität, mit der Koeppen seinen Stilwillen realisiert und die seinem Stil eine unverwechselbare Originalität verleiht. Diese ästhetische Qualität ist das Signum des genialen Schriftstellers.

Literaturgeschichtliche Position des Romans

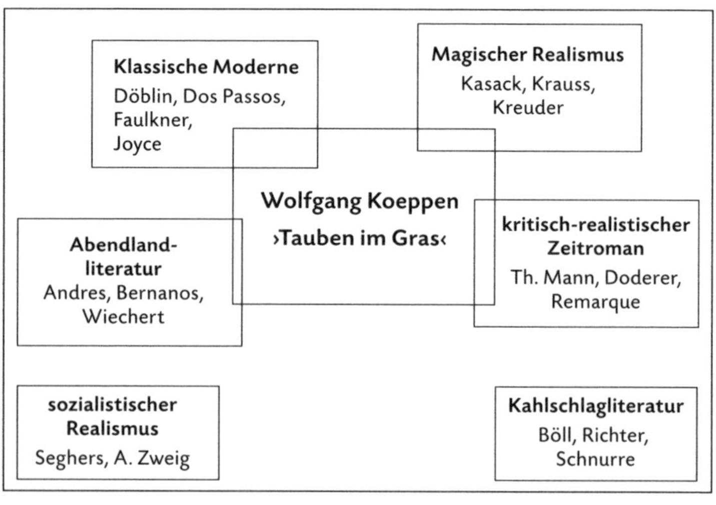

VI Rezeption

Auf *Tauben im Gras* ließ Koeppen bald die beiden Romane *Das Treibhaus* (1953) und *Der Tod in Rom* (1954) folgen, danach verstummte er als Romanschriftsteller bis zu seinem Tod 1996. Ende der 1950er, Anfang der 1960er erschienen mehrere Reisebücher, in den Jahrzehnten danach bloß noch Essays, ausgewählte Erzählungen und autobiographische Prosa. Schon früh bildete sich die Legende, Koeppens Verstummen sei als Reaktion auf die ablehnende Haltung der Literaturkritik und der Leser gegenüber seiner Art zu schreiben zurückzuführen. Vor allem Marcel Reich-Ranicki, lange Zeit der einflussreichste Literaturkritiker der Bundesrepublik, konstruierte einen ›Fall Koeppen‹, der exemplarisch das Versagen der bundesdeutschen Öffentlichkeit zeige, die einem gesellschaftskritischen Autor kein Gehör schenke. So zutreffend es sein mag, dass Koeppens kompromisslose Kritik an den restaurativen Tendenzen der 1950er-Jahre manchen zu weit ging, ist diese Ansicht doch in zweierlei Hinsicht zu korrigieren.

Zum einen war die Ablehnung des Buchs weniger politisch als sittlich begründet. *Tauben im Gras* war einigen Kritikern schlicht zu unanständig. Die unverblümte Darstellung von Sexualität, die heute recht harmlos wirkt, galt in jenen Jahren als Tabubruch. Zum anderen ist bei der Musterung der zeitgenössischen Rezensionen festzustellen, dass *Tauben im Gras* insgesamt eine überwiegend positive, ja sogar enthusiastische Aufnahme gefunden hat. Gleich die früheste Besprechung in der *Frankfurter Allgemeinen Zeitung* vom 13. Oktober 1951 war mit den Worten »Ein Roman, der Epoche macht« überschrieben und bezeichnete das Werk als erschütterndes sozialpsychologisches Zeitdokument. Koeppens Buch wird zu Recht in die Nähe des Existenzialismus sartrescher Prägung gerückt. Der FAZ-Kritiker Karl Korn unterstreicht aber zugleich auch die Unabhängigkeit von Koeppens intellektuellem Standort: »Koeppens Buch steht frei im politischen Raum.«

Die Rezensenten, selbst die kritisch gestimmten, heben fast alle die erzähltechnische Virtuosität von Koeppens Stil hervor. *Tauben im Gras* bedeute »ein erhebliches Stück gewonnenen Geländes im Hinblick auf den Anschluß der zeitgenössischen deutschen an die zeitgenössische europäische und amerikanische Literatur«, heißt es in der Besprechung, die in der *Neuen Zeitung* am 15./16. Dezember 1951 erschien. Vor allem wird in diesem Zusammenhang Koeppens produktive Anverwandlung der Erzähltechniken der klassischen Moderne, für die Namen wie James Joyce, William Faulkner oder John Dos Passos stehen, ins Feld geführt. Der Schriftstellerkollege Hans Georg Brenner urteilt, Koeppen schreibe »eindringlich und weltoffen, in einem rasanten, assoziationsreichen Stil, der sich virtuos der Elemente des modernen, anglo-amerikanischen Romans bedient« (*Die Welt*, 14. November 1951).

Über die Anerkennung dieser stilistischen Qualität hinaus würdigte man jedoch auch Koeppens psychologisch genaue Figurenzeichnung. Insgesamt wird *Tauben im Gras* als »eine wesentliche Aussage von heute« (Gerhard F. Hering, *Die neue Zeitung*, 15./16. Dezember 1951) und als »sehr bewußte und konzentrierte Leistung« bezeichnet (Walter Schürenberg, *Der Tagesspiegel*, 18. November 1951). Das Buch biete einen Querschnitt durch das zeitgenössische Nachkriegsdeutschland und löse damit eine drängende Aufgabe des Gegenwartsromans. Das bündigste und unüberbietbare Urteil fällte der Erfolgsschriftsteller Hans Hellmut Kirst: »Koeppen schreibt Weltliteratur.« (*Münchner Merkur* vom 14. Dezember 1951)

Soweit die positiven Stimmen. Aus den Verrissen seien zwei Aspekte genannt. Moralisch empörte Kritiker warfen dem Autor die überzeichnende Darstellung von »Unzucht, Sauf-

Michael Mathias Prechtl: »Tauben im Gras mit Koeppen«. Karikatur von 1972.

gelagen und Totschlag« vor (Harry Pross in der *Deutschen Rundschau,* Heft 8/1952, S. 868) und unterstellten ihm eine Vorliebe fürs Morbide und den Sumpf der Gesellschaft. Der protestantische Schriftsteller Kurt Ihlenfeld fühlte sich von Koeppens assoziativem Stil an die reißerische Sprache der Illustrierten erinnert, die »ihren Millionen Lesern den ach so begehrten Cocktail aus allen möglichen und noch mehr unmöglichen Ingredienzien mischen«. Ihlenfeld ergänzt dann noch einen Einwand, der ihn als einen repräsentativen Vertreter der christlichen Abendlandliteratur erkennbar macht. Er vergleicht Koeppens Roman mit einem surrealistischen Gemälde, auf dem mit »dem lebendigen Menschen, dem zu seinen Leiden doch zugleich die höchsten Verheißungen gegeben sind – umgegangen wird, als sei er [ein] widerliches Etwas auf der Strecke ins Nichts« (*Eckart 21,* Jahrgang 1951/52, April–Juni 1952, S. 364).

Die insgesamt positive Resonanz auf Koeppens Roman trug sicher mit dazu bei, dass *Tauben im Gras* nach wenigen Monaten eine zweite Auflage erlebte und beim Verlag Scherz & Goverts auf 6500 verkaufte Exemplare kam. Bereits 1953 wurde der Roman ins Französische übersetzt. 1956 und 1966 erschienen Taschenbuchausgaben mit ähnlicher Auflage bei Herbig und S. Fischer. 1974 wurde der Roman in die ›Bibliothek Suhrkamp‹ aufgenommen und erlebte 1977 bereits die zweite Auflage dieser Ausgabe. 1980 kam er als ›suhrkamp taschenbuch‹ heraus und ist dort seither in wechselnder Ausstattung vielfach neu aufgelegt worden. Andere Taschenbuch- und Buch-Clubausgaben folgten.

2002 nahm Marcel Reich-Ranicki den Roman in die zwanzigbändige Roman-Anthologie *Der Kanon* auf, und 2008 fand *Tauben im Gras* in die auf ein großes Lesepublikum berechnete ›Süddeutsche Zeitung|Bibliothek‹ Eingang. 2009 wurde eine Hörbuchversion mit 6 CDs produziert. Diese Publikationsgeschichte unterstreicht die Tatsache, dass Wolfgang Koeppens *Tauben im Gras* im Kanon der deutschsprachigen Literatur der Gegenwart fest verankert ist.

Dass der Roman zudem auf dem besten Weg ist, auch Kirsts frühes Urteil einzulösen und den Fundus der Weltliteratur zu ergänzen, belegt der Umstand, dass er inzwischen in alle Weltsprachen übersetzt ist und gerade in den letzten zwanzig Jahren mit steigender Tendenz auch in zahlreichen kleineren, auch außereuropäischen Literatursprachen greifbar ist und zu wirken beginnt.

Auswahlbibliographie

Ausgaben

Wolfgang Koeppen: Tauben im Gras. Frankfurt/M.: Suhrkamp Taschenbuch Verlag 1980, 2009 (st 601). Nach dieser Ausgabe wird der Roman zitiert.

Wolfgang Koeppen: Werke. 16 Bände. Herausgegeben von Hans-Ulrich Treichel. Frankfurt/M.: Suhrkamp Verlag 2006 ff.

Wolfgang Koeppen: »Einer der schreibt«. Gespräche und Interviews. Herausgegeben von Hans-Ulrich Treichel. Frankfurt/M.: Suhrkamp Taschenbuch Verlag 1995 (st 2450) (zitiert als: Einer).

Gesamtdarstellungen

Haas, Christoph: Wolfgang Koeppen. Eine Lektüre. Würzburg: Ergon-Verlag 1998 (Literatura 7).

Hielscher, Martin: Wolfgang Koeppen. München: Verlag C. H. Beck 1988 (Beck'sche Reihe Autorenbücher 609).

Quack, Josef: Wolfgang Koeppen. Erzähler der Zeit. Würzburg: Verlag Königshausen & Neumann 1997.

Treichel, Hans-Ulrich: Fragment ohne Ende. Eine Studie über Wolfgang Koeppen. Heidelberg: Universitätsverlag Carl Winter 1984 (Reihe Siegen 54).

Wolfgang Koeppen. Neue Wege der Forschung. Herausgegeben von Jürgen Egyptien. Darmstadt: Wissenschaftliche Buchgesellschaft 2009 (zitiert als: Egyptien 2009).

Chronik und Lebenszeugnisse

Döring, Jörg: »... ich stellte mich unter, ich machte mich klein ...«. Wolfgang Koeppen 1933–1948. Frankfurt/M., Basel: Stroemfeld Verlag 2001 (zitiert als: Döring).

Häntzschel, Hiltrud und Günter: »Ich wurde eine Romanfigur«. Wolfgang Koeppen 1906–1996. Frankfurt/M.: Suhrkamp Verlag

2006 (Begleitbuch zu einer Ausstellung der Münchner Stadtbibliothek) (zitiert als: Romanfigur).
HÄNTZSCHEL, HILTRUD und GÜNTER: Wolfgang Koeppen. Frankfurt/M.: Suhrkamp Taschenbuch Verlag 2006 (Suhrkamp BasisBiographie 12) (zitiert als: Häntzschel).
»Ich bitte um ein Wort ... «. Wolfgang Koeppen – Siegfried Unseld. Der Briefwechsel. Herausgegeben von ALFRED ESTERMANN und WOLFGANG SCHOPF. Frankfurt/M.: Suhrkamp Verlag 2006.

Ausgewählte Forschung zu »Tauben im Gras«

ALTENHOFER, NORBERT: Wolfgang Koeppen: ›Tauben im Gras‹. In: Deutsche Romane des 20. Jahrhunderts. Herausgegeben von PAUL MICHAEL LÜTZELER. Königstein/Ts.: Athenäum Verlag 1983, S. 284–295.
BUNGTER, GEORG: Über Wolfgang Koeppens ›Tauben im Gras‹. In: ZfdPh (Zeitschr. f. dt. Philologie) 87 (1968), Heft 4, S. 535–545.
EISELE, ULF: Odysseus trinkt Coca-Cola. Wolfgang Koeppens ›Tauben im Gras‹. In: Wolfgang Koeppen. Herausgegeben von ECKART OEHLENSCHLÄGER. Frankfurt/M.: Suhrkamp Taschenbuch Verlag 1987 (st 2079), S. 258–274.
FRIEDRICH, HANS-EDWIN: »Kreuzritter an Kreuzungen«. Entsemantisierte Metaphorik als artistisches Verfahren in Wolfgang Koeppens Roman ›Tauben im Gras‹: Reaktion auf den Wertezerfall nach 1945. In: IASL (Internationales Archiv für Sozialgeschichte der Deutschen Literatur) 18 (1993), Heft 1, S. 86–122 (auch in: EGYPTIEN 2009, S. 62–102).
HEIN, JÜRGEN: ›Wolfgang Koeppen: Tauben im Gras‹. In: Erzählen. Erinnern. Deutsche Prosa der Gegenwart. Interpretationen. Herausgegeben von HERBERT KAISER und GERHARD KÖPF. Frankfurt/M.: Verlag Moritz Diesterweg 1992, S. 38–50.
KOCH, MANFRED: Wolfgang Koeppen: Tauben im Gras. In: Romane des 20. Jahrhunderts. Interpretationen. Band 2. Stuttgart: Reclam Verlag 1993 (RUB 8809), S. 34–58.

Marx, Friedhelm: Kein Zauberwort, keine Formel. Wolfgang Koeppens Poetik der Unschärfe in ›Tauben im Gras‹. In: Metapher und Modell. Ein Wuppertaler Kolloquium zu literarischen und wissenschaftlichen Formen der Wirklichkeitskonstruktion. Herausgegeben von Wolfgang Bergem u. a. Trier: Wissenschaftlicher Verlag Trier 1996 (Schriftenreihe Literaturwissenschaft 32), S. 61–73.

Oehlenschläger, Eckart: Nachrichten von Koeppen-Recherchen. In: Wolfgang Koeppen – Mein Ziel war die Ziellosigkeit. Herausgegeben von Gunnar Müller-Waldeck und Michael Gratz. Hamburg: Europäische Verlagsanstalt 1998, S. 13–24 (zitiert als: Oehlenschläger).

Scherpe, Klaus R.: Ideologie im Verhältnis zur Literatur. Versuch einer methodischen Orientierung am Beispiel von Wolfgang Koeppens Roman ›Tauben im Gras‹. In: GQ (German Quarterly) 57 (1984), Heft 1, S. 6–26.

Treichel, Hans Ulrich: Kommentar. In: Wolfgang Koeppen. Werke. Band 4. Tauben im Gras. Frankfurt/M.: Suhrkamp Verlag 2006, S. 232–265 (zitiert als: Treichel).

Wieckenberg, Ernst-Peter: Der Erzähler Wolfgang Koeppen. In: Geschichte der deutschen Literatur aus Methoden. Westdeutsche Literatur von 1945–71. Herausgegeben von Heinz Ludwig Arnold. Band 1. Königstein/Ts.: Athenäum Verlag 1973, S. 194 bis 204 (zitiert als: Wieckenberg).

Zur Nachkriegsliteratur

Egyptien, Jürgen: Einführung in die deutschsprachige Literatur seit 1945. Darmstadt: Wissenschaftliche Buchgesellschaft 2006.

Wehdeking, Volker und Günter Blamberger: Erzählliteratur der frühen Nachkriegszeit (1945–1952). München: Verlag C. H. Beck 1990.

Über den Autor

Jürgen Egyptien, Jahrgang 1955, Literaturwissenschaftler an der RWTH Aachen, 2. Vorsitzender der Wolfgang-Koeppen-Gesellschaft, Mitherausgeber des *Wolfgang-Koeppen-Jahrbuchs* und des *Killy Literaturlexikons.*

Zahlreiche Publikationen zur Literatur und Ästhetik des 18. bis 20. Jahrhunderts, unter anderem: *Einführung in die deutschsprachige Literatur seit 1945.* Darmstadt 2006 (gekürzt auch als CD), *Gespräche mit Albrecht Fabri.* Warmbronn 2009, *Stefan George auf Stift Neuburg.* Marbach 2009; als Herausgeber: *Der Zweite Weltkrieg in erzählenden Texten zwischen 1945 und 1965.* München 2007, sowie: *Wolfgang Koeppen. Neue Wege der Forschung.* Darmstadt 2009.

Bildquellenverzeichnis

Titelbild: Wolfgang Koeppen, Porträtaufnahme aus den Fünfzigerjahren. © Wolfgang-Koeppen-Archiv, Greifswald (Foto: Ruth Schramm), mit freundlicher Genehmigung des Suhrkamp Verlags

S. 9: © Wolfgang-Koeppen-Archiv, Greifswald (Foto: Dagmar Perls), mit freundlicher Genehmigung des Suhrkamp Verlags

S. 19: © ullstein bild – Pfeiffer

S. 25: Wolfgang-Koeppen-Achiv, Greifswald, mit freundlicher Genehmigung des Suhrkamp Verlags

S. 31, 37 und 71: © Stadtarchiv München

S. 41, 95 und 107: © INTERFOTO / Al Herb

S. 51 und 89: © INTERFOTO / Marz

S. 57 und 67: © akg-images, Berlin

S. 79: © INTERFOTO / Friedrich Rauch

S. 121: © Frydl Prechtl-Zuleeg, Nürnberg

Textquellenverzeichnis

S. 7: »Brief an Max Tau vom 5. August 1951«, aus: Eckart Oehlenschläger: Nachrichten von Koeppen-Recherchen. In: Wolfgang Koeppen – Mein Ziel war die Ziellosigkeit, herausgegeben von Gunnar Müller-Waldeck und Michael Gratz, S. 15. Hamburg: Europäische Verlagsanstalt 1998. © Wolfgang Koeppen 1951. Alle Rechte vorbehalten Suhrkamp Verlag Berlin.

S. 24: »Brief an Henry Goverts vom 3. August 1951«, aus: Hiltrud und Günter Häntzschel: »Ich wurde eine Romanfigur«. Wolfgang Koeppen 1906–1996, S. 83. © Suhrkamp Verlag Frankfurt am Main 2006.

S. 46, 47, 56, 59, 60, 62 f., 66, 68 f., 70, 75, 81, 86, 87, 89, 90, 97, 100, 102, 104, 106, 116: Wolfgang Koeppen, Tauben im Gras. Roman. (suhrkamp taschenbuch 601) © Suhrkamp Verlag Frankfurt am Main 1980.

S. 51: Atempause auf dem Schlachtfeld. In: »Der Spiegel«, Nr. 52 vom 26. Dezember 1952.

S. 54: Hans-Edwin Friedrich: »Kreuzritter an Kreuzungen« (vgl. Auswahlbibliographie, S. 124 dieses Bands). Mit freundlicher Genehmigung des Verfassers.

S. 92: Ernst-Peter Wieckenberg: Der Erzähler Wolfgang Koeppen (vgl. Auswahlbibliographie, S. 125 dieses Bands). Mit freundlicher Genehmigung des Verfassers.

S. 115: Das Alfred Andersch Lesebuch. Herausgegeben von Gerd Haffmans. Zürich: Diogenes Verlag 1979 (zitiert als: Andersch Lesebuch).

S. 117: »Auszug aus der Büchner-Preis-Rede (1962)«, aus: Wolfgang Koeppen, Gesammelte Werke in sechs Bänden. Herausgegeben von Marcel Reich-Ranicki in Zusammenarbeit mit Dagmar von Briel und Hans-Ulrich Treichel, Band 5: Berichte und Skizzen II, S. 257. © Suhrkamp Verlag Frankfurt am Main 1986.

Bereits erschienen:

Friedrich Schiller: *Maria Stuart* (47700)
Johann Wolfgang von Goethe: *Die Leiden des jungen Werther* (47701)
Bertolt Brecht: *Leben des Galilei* (47702)
Friedrich Schiller: *Don Karlos* (47704)
Heinrich von Kleist: *Michael Kohlhaas* (47705)
Friedrich Dürrenmatt: *Der Besuch der alten Dame* (47706)
Theodor Fontane: *Effi Briest* (47707)
Georg Büchner: *Woyzeck* (47708)
Heinrich von Kleist: *Das Erdbeben in Chili* (47709)
Arthur Schnitzler: *Leutnant Gustl* (47710)
Arthur Schnitzler: *Traumnovelle* (47711)
Friedrich Dürrenmatt: *Die Physiker* (47712)
Heinrich von Kleist: *Prinz Friedrich von Homburg* (47713)

Folgende weitere Bände der Reihe »Schroedel Interpretationen« erscheinen u. a. in 2010/2011:

Franz Kafka: *Der Proceß* (47703)
Johann Wolfgang von Goethe: *Iphigenie auf Tauris* (47715)
Thomas Mann: *Buddenbrooks* (47716)
Thomas Mann: *Mario und der Zauberer* (47717)
Max Frisch: *Homo faber* (47718)
Georg Büchner: *Danton's Tod* (47719)
Peter Stamm: *Agnes* (47720)
Johann Wolfgang von Goethe: *Faust I* (47721)

Inhaltsverzeichnisse und Musterseiten finden Sie unter:
http://www.schroedel.de/Interpretationen

Ebenfalls bei Schroedel: Die Reihe Texte • **Medien**
(Textausgaben mit Materialien)

Die einzelnen Bände werden jeweils durch **Arbeitshefte**, **Informationen für Lehrerinnen und Lehrer** und zum Teil **mediales Zusatzangebot** ergänzt:

Weitere Informationen finden Sie unter:
http://www.schroedel.de/textemedien